大乘傳法人

龍樹菩薩

高僧小說系列｜精選

徐潔　著◆劉建志　繪

智慧與慈悲的分享

聖嚴法師

小說，是通過文學的筆觸，以說故事的方式，表現人性之美，所以稱爲文藝作品。它可以是寫實的，也可以是虛構的，但它必定是與人心相應，才會獲得讀者的喜愛與共鳴。

高僧的傳記，是眞有其人、實有其事的眞實故事，也是通過文字的技巧，以敍述介紹的方式，將高僧的行誼，呈現在讀者的眼前，也是屬於文學類的作品，只是缺少小說那樣戲劇性的氣氛。

高僧的傳記，以現代人白話文體，加上小說的表現手法，那就顯得特別生動而富於趣味化了。我從小喜歡文學作品的原因，是佩服它有高度的說服力，並且能使讀者印象深刻，歷久不忘，並且認爲高深的佛法，經過文學的表現，就能普及民間，深入民心，達成化世導俗的效果。我們發現諸多佛經的體裁，是用小品散文、長短篇小說，以及長短篇的詩偈寫成的。

近代已有人用白話文翻譯佛經，也有人以語體文重寫高僧傳記，但尚未有人以小說及童話的方式來重寫高僧傳記。故在《大藏經》中雖藏有極豐富的歷代高僧傳記資料，市面上卻很難見到。我們的法鼓文化事業股份有限公司，爲了使得故典的原文很容易地被現代的讀者接受，尤其容易讓青少年們喜愛，而從高僧傳記之中，分享到他們的智慧及慈悲，所以經過兩年多的策畫運作，推出一套「高僧小說系列」的叢書，選出四十位高僧的傳記，邀請到當代老、中、青三代的兒童文學作家群，根據史傳資料，用他們的生花妙筆、豐富的感情、敏銳的想像，加上電影蒙太奇的剪接技巧，以現代小說的形式，生動活潑地呈現到讀者的面前。這使得歷史上的高僧群，都回到我們現代人的生活中來，陪伴著我們，給我們智慧，給我們安慰，給我們健康，給我們平安。

這套叢書的主要對象是青少年，但它是屬於一切人的，是超越於年齡層次的佛教讀物。

我要在此感謝參與這套叢書編寫出版的全體工作人員，包括編者、作者、畫家、審核者、校對者、發行者，由於他們的努力，才能有這項成果奉獻在廣大的讀者之前。也請諸方先進和所有的讀者，多給我們鼓勵和指教。

一九九五年四月八日晨
序於台北法鼓山農禪寺

推薦序

人生要通往哪裡？

蔡志忠

「只有死掉的魚，才隨波逐流！」

人生是件簡單的事，是我們自己把它弄得很複雜的。

魚從來都不思考：

「水是什麼？

水爲何要流？

水爲何不流？」

這些無謂的問題。

魚只有一個最簡單的問題：

「我要不要游？
如何游？
游到哪裡？
游到那裡做什麼？」
人常自陷於無明的憂鬱深淵，無法跳脫出來。
人也常走進一條沒有出口的道路，
才發現原來這根本不是自己的人生之道。
兩千五百年前，佛陀原本也自陷於
人生的痛苦深淵……，經過六年的
修行思考，佛陀終於覺悟出：
「什麼是苦？
苦形成的次第過程？
如何消滅苦？
通往無苦的解脫自在之道。」

這也就是苦生、苦滅，一切因緣生的「三法印」、「緣起法」、「四聖諦」、「八正道」，所有攸關於人產生煩惱痛苦的原因和達到解脫、自在、清淨境界、彼岸之道的修行方法。

佛陀在世時，傳法四十五年，佛滅度後，佛陀的思想由他的弟子們傳承到後世，成爲今天的佛教。在佛教的發展過程中，留下了許多動人的高僧故事。

除了《景德傳燈錄》記載著所有禪宗各支歷代高僧學佛得道的故事之外，《大藏經》五十卷的〈高僧傳〉、〈續高僧傳〉裡也記載很多歷代大師傳記典故；此外，還有印度、西藏、日本等地大師的故事。通過閱讀過去大德諸賢的故事，可以讓我們對人生的迷惘問題得到啓發。

胡適說：

「宗教要傳播得遠，

佛理要說得明白清楚，

都不能不靠白話來推廣。」

這套高僧小說也繼承這使命，以小說的方式講述高僧的故事。讓讀者能透過這些歷代高僧的故事，得以啓發人生大道。相信做爲一個中華民族的後代，身在儒、釋、道思想的傳統文化背景下，如能透過高僧小說多了解佛教思想，對自己未來人生之路的導引和思考，必定能獲得很大的益助。

大乘傳法人

龍樹菩薩是誰?他是大乘佛教的始祖,是中國佛教的八宗共祖,是《大智度論》的作者,是讓達賴喇嘛感動得大哭三天的人。歷史上若沒有龍樹菩薩這個人,很多美好的事情可能都不會發生,印度的中觀學派,中國的天台宗、三論宗也許都要延遲幾百年才會出現。

然而龍樹菩薩究竟是誰?他,也不過是和你、我一樣的凡夫。他出生於一個富有的家庭,有很高的社會地位,高人一等的資質曾讓他自信過了頭,年少輕狂的他犯下不可彌補的大錯。

犯錯之後,他也曾和你、我一樣在痛苦中掙扎,時而迷惑、時而徬徨、時而怨天尤人,幸運的是在龍樹身邊總有一些善知識在指引著他,這些善知識,我們相信，就是菩薩的化身。當然，龍樹自身的覺性與努力也是不可磨滅，總之，在這種種因緣之下，龍樹成爲我們現在所認識的這個人。

龍樹一生的經歷就是菩薩道最好的見證。從他的故事中，我們可以了解到沒有人天生就是完美的，所謂偉大的聖人，其實還不都是由凡夫而來，只是有的「凡夫」明白自己才是自己眞正的主人，遇到困難不輕易放棄，不向命運低頭，最後，終於成爲偉大的聖人，而有的「凡夫」任由貪瞋癡主宰自己生命，這樣，就眞的只能永遠是個凡夫，逃不開糾纏的命運了。不知道你、我是怎樣的人呢？

當然，在修行的過程中，善知識的牽引也是很重要的。這本龍樹菩薩傳就是你修行上的善知識。你也許無緣親臨大乘佛法初顯揚的時代現場，也許無福親睹聖人的容顏，親聆聖人說法，但是藉由這本書，你可以跟我一起徜徉在浩瀚的時空中，走一趟龍樹菩薩悲喜交集的人生。

就這樣，祝你有個美好的心靈之旅。

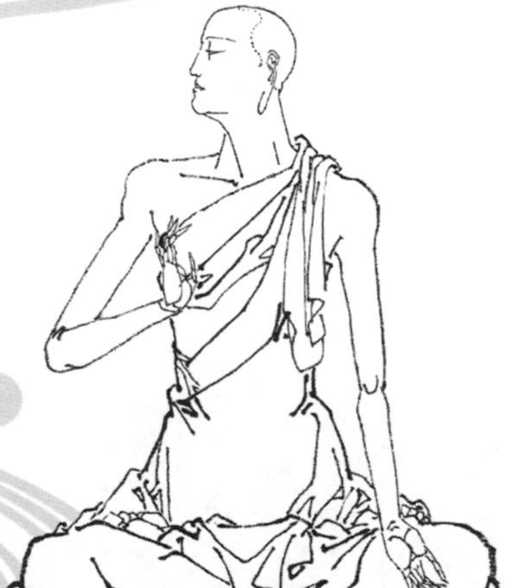

佛學視窗

01

龍樹

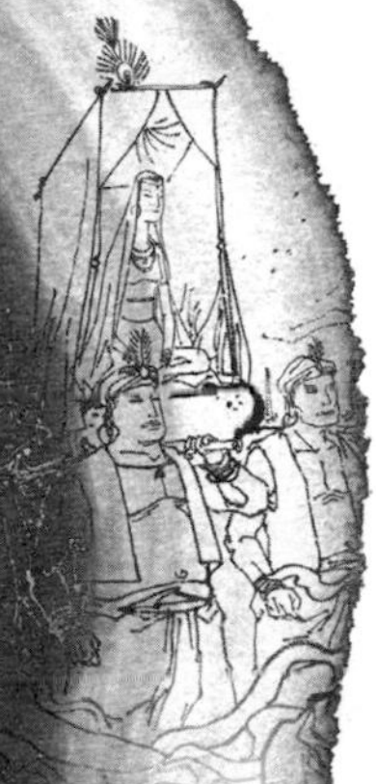

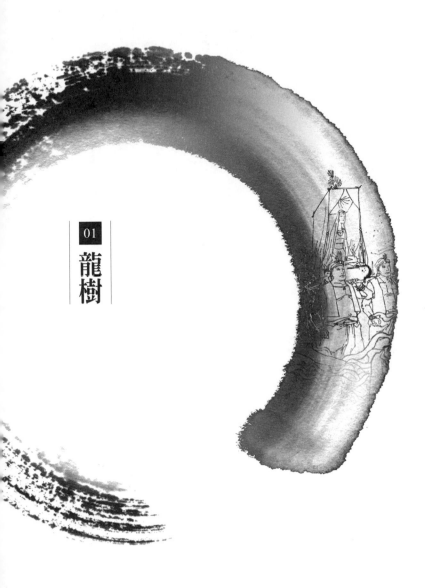

雄偉的雪山靜靜佇立，默默無語注視著大地。無始無終的歷史空間中，埋藏著多少記憶。終年不退的冰雪像一件銀色的大衣，覆蓋在無垠的天地之間，閃爍著動人的光輝。

「嗚——嗚——嗚——。」

龍族的勇士舉起海螺，用力吹響，渾厚的螺聲穿越層層山峰，百轉千迴，穿透雲絲直抵天際。蒼鷹從山下的黑樹林中一飛而起，盤旋於數萬尺的高空。

「師父，聽。」

「……嗯……。」

老比丘抬頭仰望無盡的蒼穹。

銀色雪坡在陽光反射下顯得璀璨無比，連綿萬里的山谷山壑兀自迴響著悠長而深遠的螺鳴聲。

潔白的雪地上，兩行綿長而細密的足跡，彷彿悠悠的歲月刻印，恆存於無盡的天地。

✻　✻　✻

西南海上吹進來的風，帶著飽足的水氣，使南印度畀達拔國一年四季如春，生活在這兒，就像活在天堂那麼快樂。

下過幾場滂沱大雨，春天正式地展開了。家家戶戶門前的椰樹迎風搖擺，傘蓋般的樹葉遮蔽住烈日驕陽，寬廣的草原上盛開著繽紛的小花，嬌豔欲滴的模樣令人愛不釋手。年輕男女紛紛穿上色彩鮮豔的服飾，打扮得活潑朝氣，參加各式各樣的節慶。歌唱、跳舞、歡笑……是怎樣也不會疲倦的事。

龍樹的生活，就在這樣的國度裡展開了。

聰明，非常聰明的一個孩子。任何事只要教一遍就懂了，而且完完全全地記在腦海中，一點兒都不遺漏。當一般孩子尚在牙牙學語時，他就已能熟背四萬多偈《四韋陀典》，弱冠之時，就已獨步全國，於天文、地理、道術等無不精通。

聰明的孩子，總是格外讓人疼愛，也容易吸引別人的注意。然而在掌聲與讚歎中，卻隱隱藏著可怕的危機。那是一種把人推向罪惡深淵的力量——沉淪。吸引著人走向沉淪之路的，是如蜜糖般的欲望，從一個小小的點，慢慢擴大，漸漸延伸，最後成爲一團陷進去就拔不出來的泥沼，或像是一張鋪天蓋地的網。

剛冒芽的生命，最是容易受到欲望的牽引，不知不覺地，愈涉愈深，愈纏愈密，就永遠地背離良知理智，陷入了極危險的境地……。

* * *

「龍樹……龍樹……。」

他好像聽見有人叫他，回頭一望卻看不見誰。

急促的鼓聲像雨點一樣紛紛落下，清脆的笛音在空中揚起，節慶的歡樂像一場大洪水般，襲捲城市裡的每個角落。

處身於擁擠的人群之中，內心莫名地生起一股難受，好像身體的某一部分

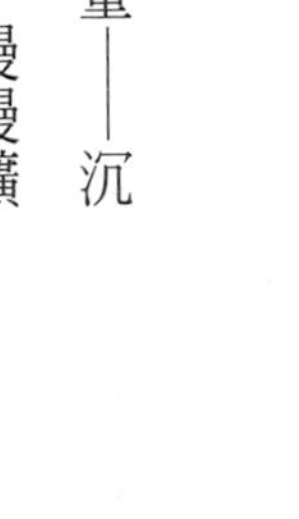

突然著火似的。人群的歡鬧、白日的喧囂，像是西塔琴❶繃緊的弦音在耳畔鼓譟著。

小販在街坊上穿梭叫賣，不同旋律的音樂吹彈著，人聲、馬蹄聲、樂聲、風聲、水聲，各種聲音流布在空中，緊密地交織在一起。

豆大的汗珠沿著高高隆起的顴骨滑下，潮紅的雙頰像燃燒的炭火，龍樹頭也不回地跑開了。

他的心像潮水一樣在大街上奔流，又像被什麼所追趕著，不由自主地奔跑起來。而一旦開始奔跑，那燃燒的感覺愈趨劇烈，好像有一團火球正在身體裡醞釀著，要把一切都吞噬了似的。

「快啊！快啊！」

人群突然騷動了起來，好像有什麼事情發生了，這時，龍樹反而停下腳步。

「來了！來了！」

大家忽然安靜下來。

一頂紅轎子在七、八個壯漢的開路下緩緩前進，轎上坐著一個容貌秀麗、氣質脫俗的女子。那名女子全身穿戴華麗，年齡大約十七、八歲左右。經過龍樹的面前時，她似有若無地，飄飄然地回眸一望。

眾人不住地議論紛紛、品頭論足，而龍樹卻覺得彷彿有一道極強的電流通過全身，從頭到腳一陣酥麻無力。

紅轎子繼續前進，最後消失在街角處。聽人說，那位美女是外國進貢給畀達拔國王的新王妃，然而龍樹卻聽不進去。他想追上去瞧個仔細，可是兩隻腳卻生根了似的，怎麼也動不了。

這個心動的時刻，就是我們這個故事的開頭。

❖ 註釋 ❖

❶ 西塔琴：印度民間音樂中常見的弦樂器。

02

四公子

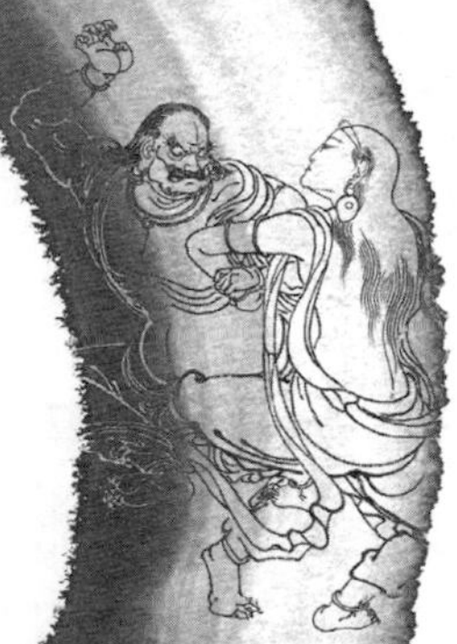

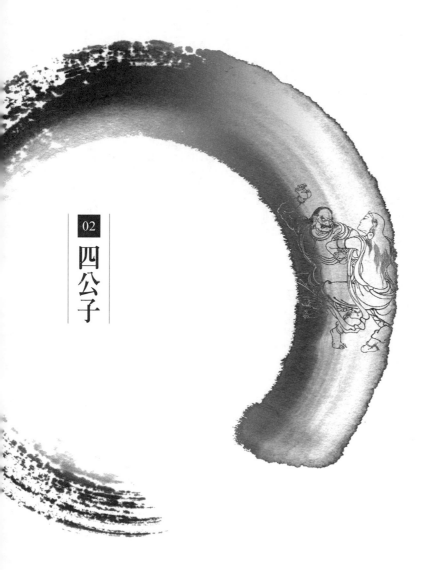

他們一共有四個人，畀達拔國的人都管他們叫「四公子」。

年紀最大的一位，長了一臉落腮鬍，處世溫和，待人誠懇，外號叫作「鬍子」。老二是出了名的壞脾氣，常常大吼大叫，人稱「金剛」。老三的外號叫「情聖」，顧名思義，是畀達拔國有名的花花公子，至於年紀最小卻學問最好的龍樹並沒有其他外號，因爲他絕佳的聰明才智獲得國人極大的尊敬，光是龍樹這個名字就夠響亮了。

鬍子、金剛、情聖及龍樹四個從小一起玩到大，感情比親兄弟還親，加上他們都是富有的婆羅門子弟，又是畀達拔國最聰明的年輕人，四個人湊在一起，難免就有些天不怕、地不怕，小小地胡作非爲起來了。

這一天，他們在無聊中度過一個上午。

「喂，龍樹，你在想什麼？」

金剛推一推龍樹，才將他神遊的思緒拉回現實。

「這傢伙是怎麼了？一整天都魂不守舍似的。」

「龍樹此刻的心情，我是最了解的了，不過，龍樹……。」

情聖用了解的眼神看著龍樹，道：「龍樹，你所想的是不可能的……。」
「我也知道不可能，可是，我就是控制不了自己……。」
「你們在說誰？」金剛插進來問道。
「其實天底下的女人何其多，以龍樹你的條件，要什麼樣的女人沒有？看開一點吧！」
「看什麼開一點？」金剛又問。
「我也想看開，可是自從與她邂逅以後，我沒有一天不想著她。我吃飯時想她，讀書時想她，白天想著她，夜裡夢著她，我愈是叫自己不要想她，愈是控制不了自己。」
「思念一個人是這樣的，龍樹，你這是相思病，而且還病得不輕。」
「什麼病？」金剛急著問。
「我想再看她一眼，只要一眼，就什麼都足夠了。」
「這可比登天還難……。」
金剛聽著左一句、右一句，愈聽愈不懂，愈聽愈模糊，脾氣暴躁的他終於忍受不了，大聲吼道：「你們到底在說什麼？」

原來，讓大夥議論紛紛的女子，就是那位外國進貢給畀達拔國王的美女，也就是龍樹那天在大街上一見傾心的女人。

「爲了一個女人這麼煩惱，值得嗎？龍樹，你還是不是男人啊？」金剛急得跳腳大叫。

鬍子和情聖對金剛拚命使眼色，卻聽見龍樹長長地嘆口氣：「我也知道自己很沒出息，可是，想見她的欲望是這麼強烈，讓人無法抗拒。」

「這種感覺我太了解……。不過，想歸想，你可不能亂來啊！其實，天底下的女人還不都一樣，大丈夫何患無妻？天涯何處無芳草呢？想開點兒就好了。」

「但是我對她有一種特別的感覺，好像前生註定了似的，總覺得我們的命運一定會有某個交集之處，只是不知在何時何地……。」

性急的金剛聽到這兒，只覺得再也坐不住了，「蹦！」地一聲跳出來，拉著龍樹的手往前走。

「去哪兒？」

「去皇宮見你的心上人。」

「去不得啊！」眾人連忙抓住金剛不讓他走。

「二哥，你別太衝動，皇宮哪裡是隨隨便便就可以進去的？」正說著，久久不語的大哥鬍子忽然大叫：「有辦法了，有辦法了。」

「大哥，你想到什麼？」

「我想到一個可以悄悄進宮的辦法，既可以解決龍樹的相思之苦，又不會被人發現。」

「到底是什麼辦法？」

「西山老仙的隱身術。」

「隱身術？」

龍樹一聽鬍子的主意，眼睛爲之一亮，整個人頓時精神了起來。

「大哥，這隱身術眞的靈嗎？」

「靈不靈，我不知道，不過，我們一起去看看不就知道了，總是一線希望

嘛！你說是不是，龍樹？」

龍樹奮力地點點頭，什麼話都說不出來。一想到有隱身術這種東西可以幫助他，他的身體頓時像發燒一樣，從頭到腳一陣陣地發燙起來……。

03 隱身術

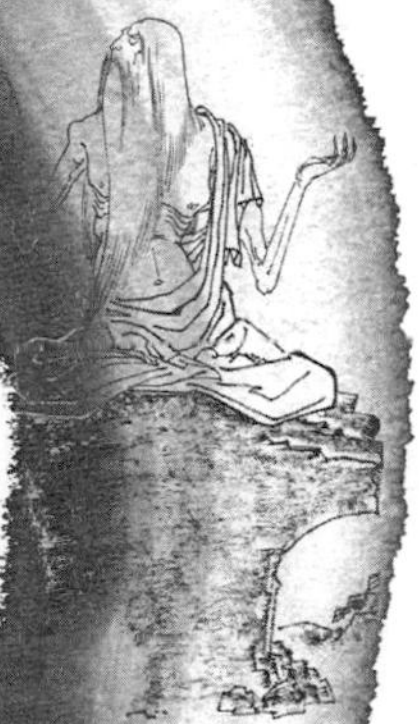

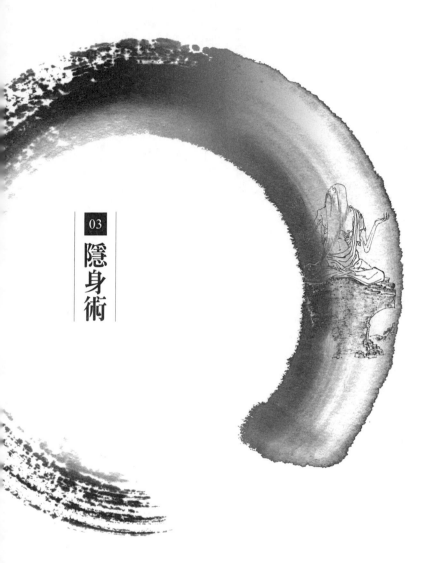

龍樹一行人很快地趕到了西山。一來到這兒，就看到石窟中住著各式各樣的修行人，有倒掛在樹上像隻猴子似的、有單腳金雞獨立的……，問起修習隱身術的西山老仙，所有人一致指向不遠處一個漆黑狹小的石穴。

卻說龍樹等四公子，原本就天資過人，加上從小到大都請全國最好的老師來指導他們，所以，他們也都自認爲是獨步全國的青年才俊。四個人在一起時，常常相議道：天下的義理中，可以開神明、悟幽旨的，我們通通都學過了，還有什麼是值得我們追求的呢？從今以後，我們只要騁情縱欲，好好享受這美好人生，就一切都足夠了。

這一次，爲了解決龍樹的相思之苦，竟讓鬍子大哥想起了這門幾乎爲世人所遺忘的隱身術，這種獨門絕學四公子哪有輕易放過之理？一問到西山老仙的住處，四個人很有默契地相視一笑，然後朝眾人所指的方向，大步邁進。

西山老仙的脾氣倒是沒有太古怪，只是態度有點兒冷淡，不理不睬的。

四公子以爲老仙是仗著自己的獨門法術才那麼驕傲，其實他們不知道，就因爲來者是名震畀達拔國的四公子，老仙才故意擺出高姿態來增加自己的分

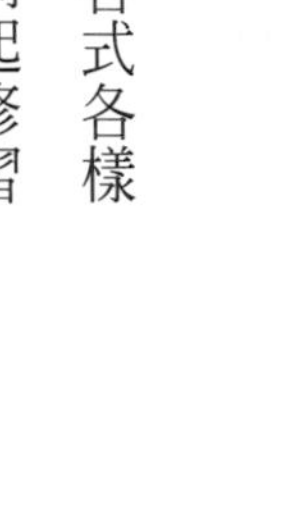

量。

「你們想學隱身術？」

「是的。」

「我這殘門賤法雖然微不足道，不過當今世上只有我西山老仙獨傳，也算是珍物了。你們想學這門法術，可以，不過有一條件……。」

「什麼條件？」

「要先入我師門，拜我爲師。」

四公子一聽，各個面面相覷，內心猶豫著。因爲他們四人已經是畀達拔國最優秀的青年，眾所公認全國已經沒有人有資格當他們的老師。如果拜西山老仙爲師，豈不是將老仙推上了全國第一的寶座？這樣的便宜可不能白白給，畢竟他只是西山石窟群中一個默默無聞的老修行人。

猶豫了許久，金剛第一個耐不住性子，道：「你說隱身術只有你懂，那你有什麼東西可以給我們看？」

老仙歪嘴一笑，離開他的位子，慢慢走向角落，不久，手裡捧著一個漆金色的木盒走出來。

龍樹注意到他走路的樣子有點兒傾斜，而且一路都發出「喀喇！喀喇！」的聲音，因而猜到他的一隻腿是假的。

只見老仙小心翼翼地打開木盒，從內拿出一顆青色的藥丸，道：「所有的祕密都在這顆藥丸中。」

他將藥丸放到龍樹的掌中，又道：「用水研開塗在眼瞼，你就能隱形，誰也看不見你。」

龍樹將藥丸湊到鼻尖聞它的氣味，而就在這時，四公子與老仙的腦子都不停地動著，各自在想著不同的事情。

四公子所想的是正常的懷疑，那就是西山老仙眞有那麼好，無條件地將隱身藥丸交給他們？而老仙的念頭就更加邪惡了。他想：今天界達拔國最著名的四公子之所以降尊紆貴地來到這裡，目的只是爲了得到隱身術，我若輕易將祕法傳給他們，他們必定立刻棄我於不顧。然而，我若只給他們藥丸，而不傳祕術，等到藥盡之時，他們就會回來找我，這樣，我不就能永遠地控制他們？控制四公子，不就等於控制畀達拔國的未來……。想到這兒，老仙得意地笑了起來……。

龍樹嗅完，將藥丸交還給老仙，道：「如果我猜得沒錯，你這藥丸由七十種藥草煎製而成……。」

「你怎麼知道？你有藥方？」老仙緊張地問。

「不是，我是聞出來的。每一種藥草都有獨特的味道，而且隨著份量的多寡、濃淡，味道也會有差別……。」

龍樹接著一口氣說出了七十種藥草的名稱、份量，聽得西山老仙呆若木雞。

「龍樹果然不同凡響，這聞味辨方的工夫我總算是見識到了。」西山老仙自嘆不如地說著。

到了這時，隱身術的祕密已被解開，老仙也沒有了談判的籌碼。可是，他真的甘心獨傳的隱身術就這麼平白地被奪走了？

「我說過了，我這殘門賤法有何可惜，你們要就全拿去吧！」老仙將整個

木盒都交給龍樹他們。

四公子一行人喜出望外，連謝都忘了謝，就急忙出洞。走至洞外時，陽光出奇刺眼，龍樹一手緊抱著木盒，一手不得不舉起來擋住刺眼的陽光，就在這時，一陣「喀喇！喀喇！」的聲音像穿過幽黑的隧道似地傳入龍樹的耳膜，不安的感覺突然攫住龍樹的心頭。

這是個危險的警訊，然而龍樹卻不願意它在心中停留太久。

剛得到隱身術的龍樹，就像一隻剛學會飛的小鳥，恨不得立刻展翅高飛，飛進愛人的心底。

04

皇宮

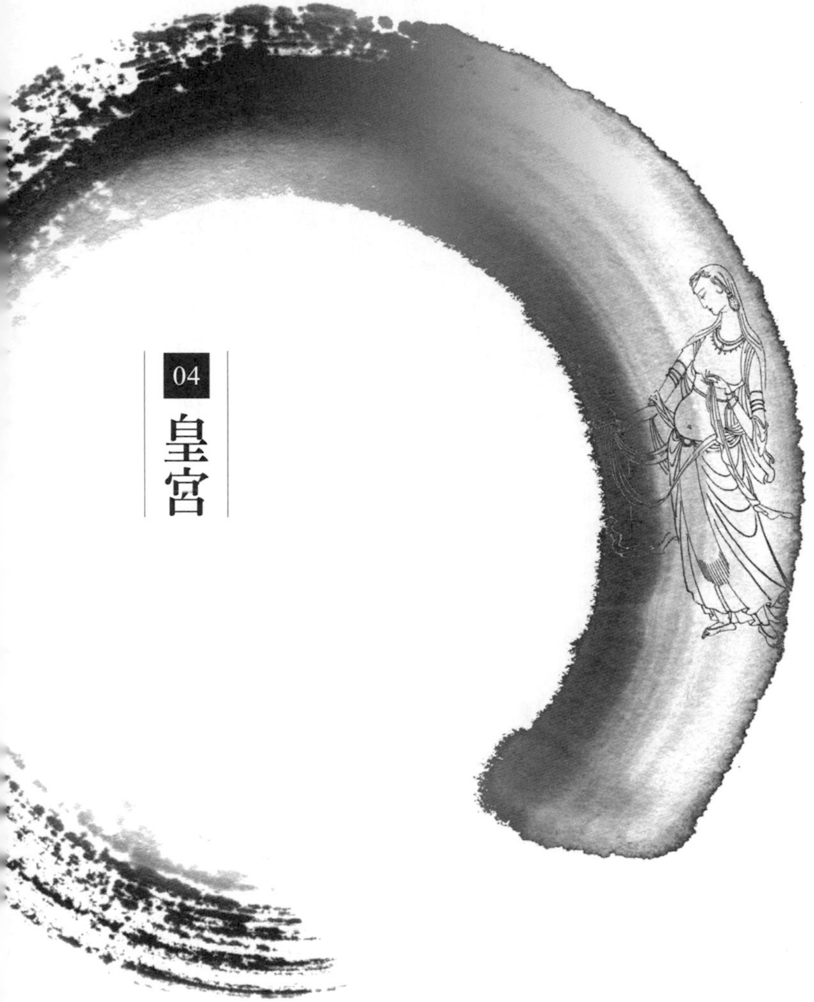

月光冰涼如水，斜潑在濕潤的草地上。宮外的野狗對月狂吠，吠聲遙遙傳入宮內，一種隱隱約約的不安在她的心頭騷動著。

畀達拔國的新王妃盛裝打扮地倚在窗前，像一朵嬌豔的百合花，如許清香地綻放著。月光從格子窗射入，映在她霜雪般的臉上。

淡淡的鄉愁漫溢在夜色之中。

她自從入宮以後，並沒有受到特別的寵愛，有時她覺得自己就像被世界遺忘了似的，總是只能在自己的角落中靜靜等待。即使是這樣，她仍然沒有絕望，每天，她都盛裝打扮，像這樣默默無言地倚在窗前，望著月色。

頭頂上的月亮，從彎彎的月牙漸漸豐滿，變成一個圓圓的盤子，然後又慢慢缺角變成彎彎月牙……。日復一日，夜復一夜，一場生命眼看著就要從無盡的等待中過去了。

宮外的狗吠聲突然轉急，像是遇到勁敵似的，「呼嚕！呼嚕！」的聲音在喉間打轉。

＊ ＊ ＊

「該死的，怎麼會有狗呢？」

四公子東逃西竄，好不容易躲過了野狗的追逐。

這時，他們已經使用了隱身藥丸，雖然人的肉眼看不見他們，可是嗅覺靈敏的狗兒卻不放過他們。

狼狽地潛入皇宮後，四個人都被皇宮那股雄偉的氣氛給震懾住。只見月光之下庭台樓閣森然而立，除了少數的宮女及侍衛不時穿梭其間外，甚少有人走動。

「皇宮這麼大，要從哪裡找起啊？」

「四處找找看吧！」

四個人漫無目的地走著，忽然來到一座金碧輝煌的宮殿門口，「這兒就是皇宮的主殿了吧！」他們心想，卻不敢久留，加緊腳步離開了。

在彎彎曲曲的小徑中不知走了多久，終於聽到一點人聲了。他們慢慢接近聲音的來源，又聽到杯酒交碰的歡樂笑語，走著走著，眼前突然出現一個繁花似錦的花園。

只見一個高大雄偉的男子左擁右抱坐在中間，身旁圍繞著眾多國色天香的女子，這個男子不用說一定是畀達拔國的國王了。四公子中的老三號稱「情聖」，可是他一生之中也沒有見過這麼多美麗女子，更何況是其他人？

他們各個都羨慕不已，只除了龍樹以外。

龍樹瀏覽群美，並沒有發現那位令他朝思暮想的美人的蹤影。他有點兒失望，可是又很慶幸，一個人轉身離去。

皇宮中除了這個尋歡取樂的後花園，其他地方都是一片安靜。曲折的迴廊裡映著昏黃的月光，沿路的屋子都已熄燈。突然間，龍樹看見一個宮女捧著一個洗腳盆低頭疾走，他正要讓開卻閃避不及，宮女已迎面撞上，摔個四腳朝天。

「啊！」

宮女慘白著臉大叫，慌張地收拾著洗腳盆，跌跌撞撞地跑掉了。

龍樹見她迂迴地跑了一段路，然後喘吁吁地停在一間房門口。

「開……開門啊……。」

房門「呀！」地一聲被拉開，宮女「咚！」地一聲跌進去。

「妳見鬼啦！」

「我……我……。」

「咦，怎麼水盆是空的？」

「我……灑了……。」

兩個宮女正在拌嘴，忽然聽見一聲長長的、慵懶的嘆息。

「唉……。」

隨著嘆息的聲音走出一位體態雍容的女子，只見她單薄的衣裳下襯著白裡透紅的肌膚甚是好看。

看到這兒，格子窗下的龍樹只覺得喉頭一陣乾澀。原來那位從裡面走出來的王妃，就是他朝思暮想的人。

眾裡尋他千百度，驀然回首，那人卻在燈火闌珊處。

龍樹的心情，直到此刻，才撥雲見日。

05

妖孽

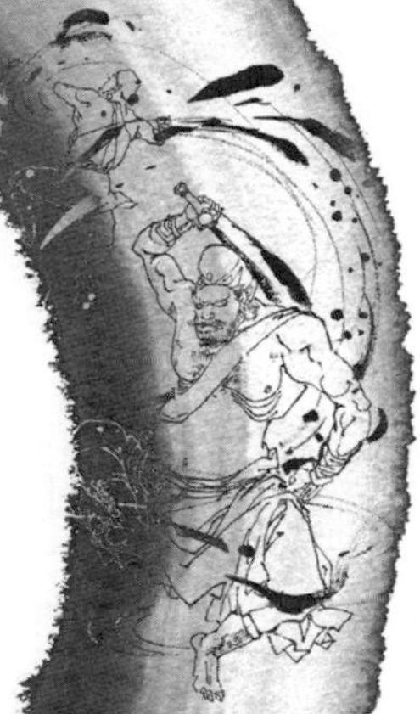

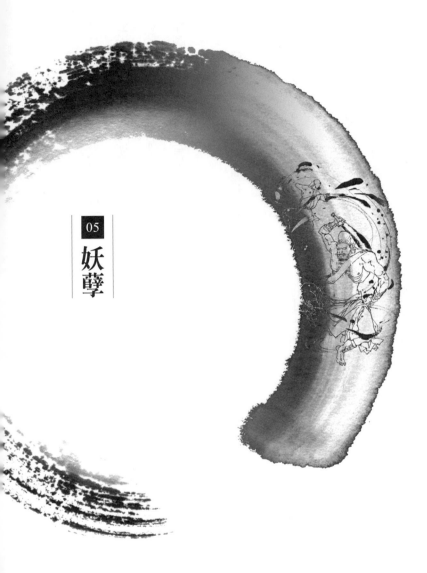

皇宮後花園像一座大型的遊樂場，裡面充滿了各種新奇有趣的事物，好玩的四公子仗著隱身術的便利，從早到晚不肯休息，玩得連家都不想回。貪杯的鬍子早就將地窖裡的陳年好酒一飲而盡，喝不完的也全部打碎。喜歡惡作劇的金剛不時逗弄那些小宮女，而好色的情聖，自然不放過後宮的絕色佳麗。

不知情的人們耳語傳播著恐懼，漸漸地，宮中籠罩了一股陰森恐怖的氣息。

夜裡，大家都早早就寢，不敢隨便在外行走。白天，人人行色匆匆，各個好像都有心事似的。

就這樣，三個月過去了。

龍樹悄悄地跟在她的身旁。雖然她看不見他的存在，可是每次仰望明月時，孤單的心靈卻總像有人陪伴似的，感到幾許暖意。

「不好了！不好了！」

小宮女慌慌張張地跑進來。

「什麼事？」

「國王正在大發雷霆！」

「爲什麼？」

「因爲……因爲……，唉呀！王妃，宮裡都快鬧翻了，只有您還渾然不覺……。」

「到底鬧什麼？」王妃不解地問。

小宮女看看左右，又到門外瞧瞧，這才附到王妃耳邊嘀咕地說著。

「眞有這種事？」王妃吃驚地問著。

原來，王宮中鬧鬼的傳聞已經三個多月了，只是王妃這邊一直平安無事，所以也沒有特別緊張。然而，剛聽小宮女說宮裡百餘位妃子都懷了孽種，國王大爲震怒，說要處死她們。

「後來呢？」

「後來有一位高明的巫師出現，說能捉妖，國王於是赦免了這些妃子，還下令任何人不可洩漏這個祕密。」

「那就好了。」

王妃鬆了一口氣，但卻還不是十分安心。

自從傳出這樣的事，宮裡的妃子人人自危，各個小心謹慎。然而，國王除妖的決心卻是愈來愈堅定。

數天之後，國王忽然派人來帶走王妃，從那一天起，王妃就沒有回來過。

四公子召開了一個緊急會議。

「事情變成這樣，我看，我們必須立刻出宮避禍。」鬍子提議道。

「可是，王妃還沒找到。」龍樹擔心地說。

「放心，她不會有事的，也許國王只是找她去問問話。」情聖安慰著。

「但願是這樣，不過我總覺得怪怪的，國王一下令除妖，王妃就失蹤，我總覺得這兩者之間有某種關聯。」

「事情是我們做的，跟她有什麼關係？要抓也是抓我們啊！」

金剛還是最沉不住氣的一個，道：「不如這樣，一不做二不休，我們把龍樹的心上人一起救走。」

「這件事情必須從長計議。」翳子道。

「那就快想辦法呀！」金剛急得直跳腳。

就在這時，兩個宮女遠遠地走來，一邊走一邊還低聲交談著。龍樹他們隱隱約約聽見說道：「眞沒想到我們新王妃外表看起來安安靜靜的，竟會惹出這麼大的禍來……。」

「是啊！要不是大王請來高明的巫師，大家還不知道原來眞正的禍首就是她。」

「對了，究竟這次的妖孽是人是鬼？」

「還不知道呢！不過，聽說巫師已經想出最好的辦法來，見人斬人、見鬼斬鬼。」

「那王妃呢？」

「早就綁在主殿的神柱上，只要大王一聲令下，立刻……。」

宮女做了一個殺頭的手勢，遠遠地走了。

金剛氣呼呼地道：「哼，什麼鬼巫師，看他能把我們四公子怎麼樣？」

相對於金剛的暴躁，龍樹卻顯得格外沉默。他心裡明白這次闖的禍可不比從前，從前那些街頭巷尾的惡作劇很容易就可以脫身，然而這次……這次……卻是人命關天的事。

龍樹的頭又脹又疼，好像就要爆炸了似的，就在痛苦萬分之際，一陣刺耳的「喀喇！喀喇！」聲卻突然又在耳畔響起。龍樹起初以為是自己的幻覺，可是在剎那間，好像被一道閃電擊中了似的，龍樹忽然全都明白了。

不是，不是幻覺，是眞的，西山老仙此刻正在宮中。

他可能已經把四公子的祕密抖了出來，而他們要利用王妃這個誘餌來引四公子出現。

「龍樹，怎麼樣？」

「不管了，今晚救人吧！大家小心一點。」

✻　✻　✻

這一夜原來又是滿月，就跟入宮的那一夜一樣。白玉盤般的明月高掛空中，溫柔的月色俯照大地，一切是那麼地平和安詳，彷彿什麼事都沒有發生過。

龍樹四人悄悄來到主殿門口，先從門縫中瞧去，果然看見王妃一個人孤伶伶地和殿上的神柱綁在一起。四周安靜得出奇，只有偶爾傳來貓頭鷹咕咕的叫聲。

被綁著的王妃看起來神情憔悴，月光映在她霜雪般的臉上，更顯得楚楚可憐。

龍樹他們輕輕推開門，躡手躡腳地走進去。四個人踏進主殿，來不及欣賞殿內金碧輝煌的裝飾，只想立刻救人就跑。可是往前走了幾步，卻覺得不太對勁兒。

怎麼腳底全是沙呢？走起路來不僅容易滑倒，又會發出聲響。又往前走了幾步，龍樹驚訝地發現整個主殿的地上都布滿了細小的沙子，龍樹他們走過的地方都留下了清楚的腳印。

這時，龍樹大叫一聲：「中計了！」

可是一切都已經來不及了。

身後的門「碰！」地一聲用力關上，帶刀的勇士從四面八方湧出來，走在最前面的就是畀達拔國的國王。國王登上王位，舉手高呼一聲：「殺！」瞬時間，勇士們的大刀像雷雨一樣劈頭落下，對準沙地上的足印沒命地揮砍。莊嚴的皇宮主殿變成了屠宰場，哀嚎聲此起彼落，一道道鮮血像是小河般四處氾濫。

所有的人木然不動地看著這場屠殺，國王的臉上露出滿足的笑容。勇士們砍到沒有力氣再砍，國王才下令停止，這時，哀嚎聲也早已靜止。

在地上的血液漸漸凝乾之際，一具具支離破碎的屍體也浮現眼前。這些屍體容貌已不可辨，只隱約見得是年輕人的身體。

「西山老仙，你果然料事如神。」

國王得意地笑著，然後又轉頭道：「還剩下一個，這個我要親自解決。」

說著，他離開座位朝中間走去，一直走到綁著王妃的神柱前，從地上拾起

一把尖刀，二話不說地朝她的小腹刺進。

眾人還來不及反應，畀達拔國王已經抽刀離去。

眾勇士隨之退下，主殿上頓時人去樓空，淒涼的月光溫柔地照在亡者殘破的軀幹上。

綁在神柱上的王妃不由自主地顫抖著，身體由頭到腳已是漸漸冰冷。忽然間，她覺得有人一步步靠近自己，然而張開眼睛，卻只見到窗外的明月。那人在她耳畔呢喃了幾句，她聽完以後，悽然一笑，嚥下了最後一口氣。

06 悟

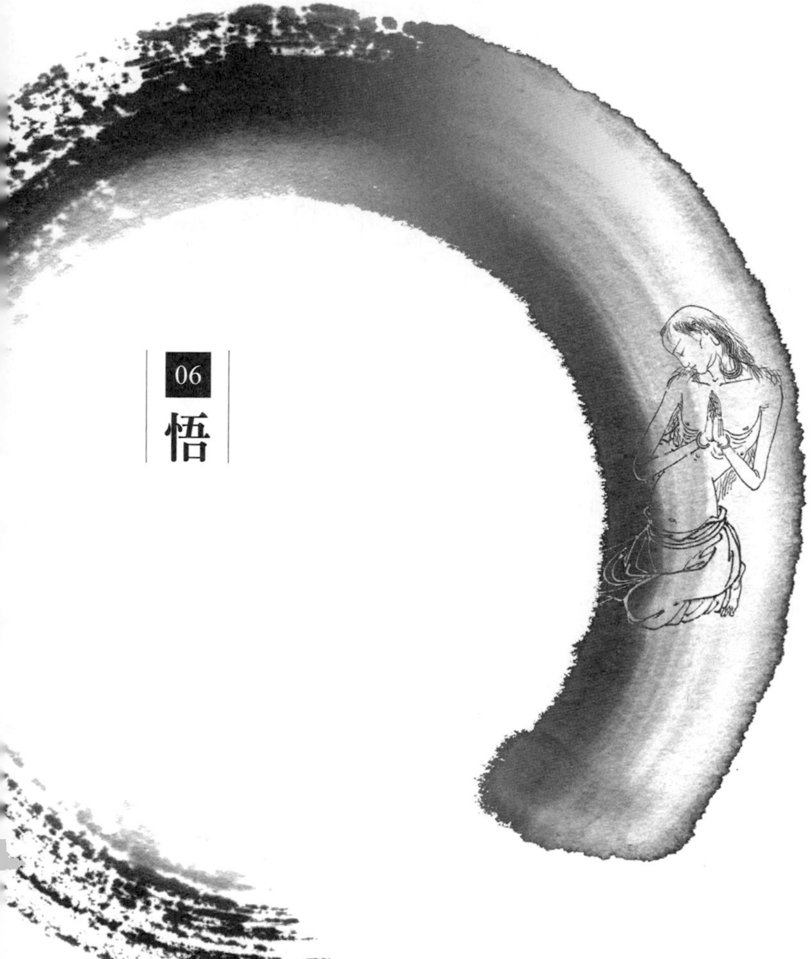

昏黃的月光照著龍樹逃亡的路，滿心悲憤加速他逃亡的步伐。

爲什麼？爲什麼？爲什麼會這樣？

一連串的問號在龍樹內心糾結著。

可怕的事情終於發生了。龍樹眼睜睜地看著它發生，卻一點辦法都沒有。這是老天爺對他的懲罰嗎？如果要懲罰，爲什麼不懲罰他一個人就好？爲什麼要連累那麼多人？

「他們都是被我害的……都是被我害的……。」

龍樹一邊跑著，腦中卻不由自主地重播著回憶的片段。那一幕幕的景象，他們是如何去求隱身術、如何混進皇宮、如何被殺……都歷歷在目。

他停下腳步劇烈地喘著，腦中唯一的念頭就是對西山老仙的恨意。

「爲什麼？爲什麼要這樣害我們？」

「是了，他嫉妒我們的成就，他只是要讓世人知道西山老仙打敗了四公子、打敗了龍樹。」

滾燙的淚水模糊了龍樹的眼。

「鬍子、金剛、情聖……我要爲你們報仇……。」

「西山老仙，我詛咒你永世不得超生……。」

他用盡最後的力量朝天空發出一聲怒吼：「啊……。」

然後就失去知覺，被一片黑暗所吞沒。

＊ ＊ ＊

「爲什麼，你沒有死？」

老比丘一邊細心地爲龍樹包紮傷口，一邊好奇地問。

原來，事情發生的時候，龍樹很機靈地跳到畀達拔國王的身邊，他料到國王周圍七尺之地大刀不會靠近，於是躲過了一劫。逃出皇宮後，龍樹沒命地狂奔，不知道跑了多久終於精疲力竭地倒在一個山谷之中。所幸一對路過的老、小比丘救了他，將他帶回佛寺中療養，他才撿回一條命。

然而，龍樹醒過來以後，卻是滿臉不悅之色，似乎對老、小比丘的搭救毫不領情。可是老、小比丘一點都不以爲意，仍然細心地照料著龍樹，直到他慢慢恢復健康爲止。

在老、小比丘無微不至的照顧之下，龍樹終於打開心結，緩緩道出所有事情的經過。只是每說一句，龍樹的心中就像又被砍了一刀似地隱隱作痛。說著說著，眼眶不覺又泛紅起來。

「每一次想到兄弟們慘死的情形，就覺得無法忍受……，我一定要殺了西山老仙爲兄弟們報仇。」

「是啊！西山老仙罪大惡極，可是你龍樹難道沒有做錯嗎？想想看，如果不是你，你的兄弟們到現在還生龍活虎的。」

龍樹一時無言以對，沉默了片刻，道：「我殺了西山老仙，再自殺。」

「那就更錯了，龍樹，死並不能補償你所犯下的過錯。」

「那我到底該怎麼做呢？」

「你該學到教訓，找出犯錯的原因，這樣，才對得起已經犧牲的人。」

老比丘說的沒錯，龍樹身上背了這麼多血債，確實是連死的資格都沒有。

龍樹於是聽從老比丘的話，在這無人的山谷中住下來。有空的時候，他常聽老比丘開示一些佛法，而寺院中所藏的經書他也全都看完了。

這樣過了一段平靜的日子，龍樹確實感到內心祥和多了。然而過去的事情，他還沒完全忘記，對西山老仙的恨意也未曾稍減。後悔與瞋恨交集成一把無名大火，日夜在他內心中燃燒著。

時間不知不覺過去了，轉眼間，龍樹在佛寺中住了九十日。

「龍樹，你在我這兒學佛已有九十日了，可有什麼特別的體會？」

「佛寺中的經書我已經全部都看過了，我覺得佛法很好，對人的幫助也很大，可是卻不能解決我內心中眞正的痛苦。」

「怎麼說呢？」

「以前，我從來不覺得人生是苦的。活著，彷彿就是爲了種種享樂，沒有什麼可以阻止我們獲得快樂……，發生了這些事以後，我才看見了人生中痛苦的一面。我的生活，如今已成了一場醒不過來的惡夢，沒有任何希望可言了。我好想解脫，老比丘，你幫幫我吧！」

「龍樹，我也很想幫你，但這種事情別人是幫不了你的。」

「那我到底該怎麼做？」

「想要解脫，唯有透過內在的覺悟。」

「痛苦，一定有原因的。你該找到這根源，將它連根拔除，這樣，你才會從惡夢中醒來，得到眞正的解脫。」

「痛苦的根源？」

龍樹陷入一陣沉思，往事一幕幕又在腦海中翻騰。

大街上的邂逅，與鬍子、金剛、情聖求隱身術的經過，大鬧皇宮的過程，大屠殺的場景……，想到這兒，龍樹的內心一陣緊縮。

「欲爲苦本，眾禍之根。」

龍樹恍然大悟，不由自主地跪倒在地，臉上流下了慚愧而懺悔的淚。

「大師，我終於明白了，欲望這東西害慘了我們，他害我的兄弟們送命，更令我身敗名裂。」

「明白了就好。」老比丘欣慰地道。

「那我現在該怎麼做？」

「你願不願意跟我出家？」

龍樹想都沒想，立刻朝老比丘頂禮[1]一拜。接著，老比丘爲他剃度，並換上僧袍。

「龍樹，我這座小寺已經沒有東西可以給你了，你收拾好了就離開吧！」

「那我該去哪兒呢？」

「北方的雪山有一位善知識正在等你，你朝北方走去吧！」

「是！」龍樹又頂禮一拜，然後轉身離去。

就這樣，龍樹告別了老、小比丘，一個人離開山谷中的佛寺，展開人生的另一段旅程。

❖註釋❖

❶頂禮：以頭頂地的行禮方式，是為表達最崇高的尊崇與感恩。

07

暴風雪

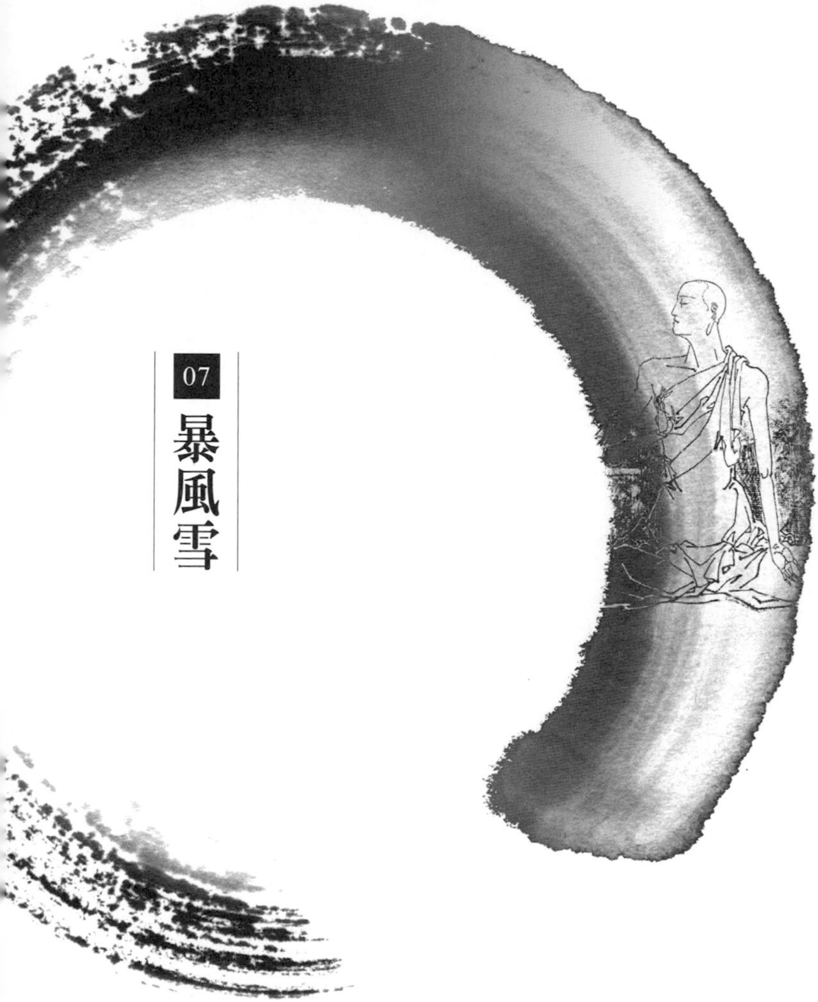

印度佛教自從佛陀入滅以後，漸漸分成許多部派。這些部派雖然各自獨立，但還是共同遵奉佛陀所傳下來的教法及戒律。

佛陀的教法統分爲三藏❶，龍樹在山谷中的小寺裡雖然已將三藏經典都看完了，但小寺所藏的經典畢竟有限，所以龍樹的師父才鼓勵他離開那兒，去尋找更多的經典來閱讀。

當時，佛教界一股新的學佛風氣漸漸形成，那就是世人所說的「大乘佛法」。

龍樹從南方的平原朝北方的高原走去，一路上看見很多「大乘佛法」的蹤跡。這些大乘經典又稱爲「摩訶衍」經典，龍樹讀過幾本，只覺得它的內容似乎比傳統佛教更爲精深廣博，然而因爲所讀有限，龍樹也不敢加以斷言。

就這樣，龍樹邊走邊看，不知不覺已經穿越了高山河流，來到雪山腳下。

雪山，是許多修行人聚集的地方，傳說還有一些大阿羅漢隱居於此。

龍樹佇立在雪山腳下，仰望著皚皚白雪的山巔及一望無際的蒼穹，內心中充滿了莫名的感動。傳說中，修行人一生之中若能朝拜一次雪山，將獲得無

量福德。

龍樹跪地頂禮一拜，然後往前跨進一步，再一拜，再進一步……這樣緩緩地朝山巔邁進，進行著他的朝聖之旅。

盤旋於萬丈高空的蒼鷹用銳利的鷹眼俯視大地，只見雪地上一個渺小的灰色背影，一寸一寸緩緩朝山頂前進。

＊　＊　＊

「下雪了，師父。」

「嗯，這場雪可不小。」

「天都黑了，什麼都看不見。」

小比丘踮起腳尖朝窗外望去。

「別瞧了，先把火升起來吧！」

「怎麼還不見人影？」

小比丘一邊叨念著，一邊架起火盆。不一會兒，聽見老比丘道：「那可不是來了……。」

✽ ✽ ✽

「叩、叩、叩……。」

龍樹伸出僵硬的手指用力敲門，凍得發紫的嘴唇不由自主地抖動著。

一會兒，門「呀！」地一聲朝內拉開，半個纏著厚厚白布的頭顱從門縫中露出來，黑溜溜的眼珠猛盯著龍樹瞧。

龍樹點個頭，道：「你好。」

「有什麼事？」

「我……我叫龍樹，……我可以進屋避寒嗎？」

那人上下打量了一會兒，才讓龍樹進門。龍樹一看見屋內中間擺著一個火盆，救命似地立刻趨近取暖。

「你叫龍樹？」

那人遞過一碗熱湯，龍樹趕緊接過來。

「是，我是南天竺畀達拔國人，大約走了半年多才來到雪山腳下。兩天前我開始朝拜雪山，沒想到快要攻頂時，竟然下起大雪。我看雪愈下愈大，不得已只好折返，這方圓百里之內只有您這間屋子，所以只好來打擾您了。」

「從南到北，這麼遠的路你都是一個人走？」

「是。」

「我看不是吧！」

龍樹感到莫名其妙，頓了頓，道：「沒錯啊！一路上我都是單獨一人。」

「那爲什麼我見你背上背了四個人？」

龍樹一聽，只覺得耳內一陣轟隆。

人家都說雪山中隱藏了許多高人，眼前這人外表看起來很平凡，沒想到一開口就語帶玄機。可見聖人、阿羅漢之說也未必不實……。

龍樹強壓住內心的訝異，道：「不知道尊者如何稱呼？」

「我叫大龍。」

「大龍尊著……似乎知道一些事情？」

「喔！其實也沒什麼，凡夫的作爲、思想、過去、現在、未來，都逃不過聖人的天眼，只是凡夫在迷中常自以爲是……。唉！你的湯冷了，我再幫你倒一碗……。」

「謝謝。」

龍樹接過熱湯，一陣溫暖從手心傳達到內心之中。

「其實，你既已上得山來，何不將他們放下呢？」

「也許我的修爲還不夠，不過，有大龍尊者您的關心，我已經覺得輕鬆多了。」

兩人聊著聊著，不約而同地朝窗外看去。原來，不知何時暴風雪已經開始肆虐。看起來不甚堅固的木屋隨著風勢「喀喇！喀喇！」地響著，帶著利刺的風尾巴從門縫鑽進來，颳得人的臉好疼。

龍樹猛地打了一個冷顫，心裡慶幸著還好有這間木屋可以擋擋風寒，不

過，他隨即又轉念到，大龍尊者好像是專程在這兒等他似的。

「話說回來，你這樣沒日沒夜地背著，不累嗎？」

「總會有解脫的一天。」

「怎樣才算解脫呢？」

「當我內心不再痛苦。」

「如何才不痛苦？」

「一切欲念不生。」

「欲念不生，然後呢？」

「證入涅槃寂靜，享受永恆的法樂。」

大龍尊者聽到這兒，長長地嘆了一口氣：「唉！你自己涅槃寂靜，就不管別人的死活了。」

龍樹微微一楞，不懂大龍尊者說的話。

「龍樹啊！龍樹，枉費了你這個聰明的腦袋，從頭到尾，你想的不都只是自己一個人？你的快樂、你的痛苦、你的解脫……一切都圍繞在你自己身上，難道你看不出來，自私才是眞正的過錯嗎？」

屋外的北風呼呼鳴響，龍樹的內心也揚起一場漫天風雪。

「我叫大龍，大家都叫我『大龍菩薩』。龍樹，你知道『菩薩』是什麼意思嗎？」

龍樹茫然地搖頭。

「菩薩、阿羅漢、人，其實都一樣是眾生，不過，人有無明煩惱，而菩薩和阿羅漢卻已經由修行而解脫。阿羅漢覺悟之後急入涅槃求自己的法樂，而菩薩卻要拯救眾生同入涅槃，就像『地獄不空，誓不成佛』的地藏王菩薩。大阿羅漢就算能獲得千般快樂，然而對菩薩而言，眾生若尚有一人受苦，任何快樂都不是眞實的快樂。」

龍樹本來就是個有智慧的人，在大龍菩薩的點撥下，他立刻就貫通了修行的意旨。原來困惑重重的心靈竟在一席話間撥雲見日，海闊天空。

「大龍菩薩，您剛剛說的是否就是『大乘佛法』的思想？」

大龍菩薩沒有回話，只是笑瞇瞇地點頭。

「原來，一個人的苦樂與眾生的苦樂竟是密不可分。佛經中說：『心、佛、眾生，三無分別。』就是這個道理了。」

大龍菩薩笑得合不攏嘴，兩個眼睛幾乎瞇成一條直線。

❖註釋❖

❶三藏：指經、律、論，是佛教聖典的三種類別。

08

雪湖

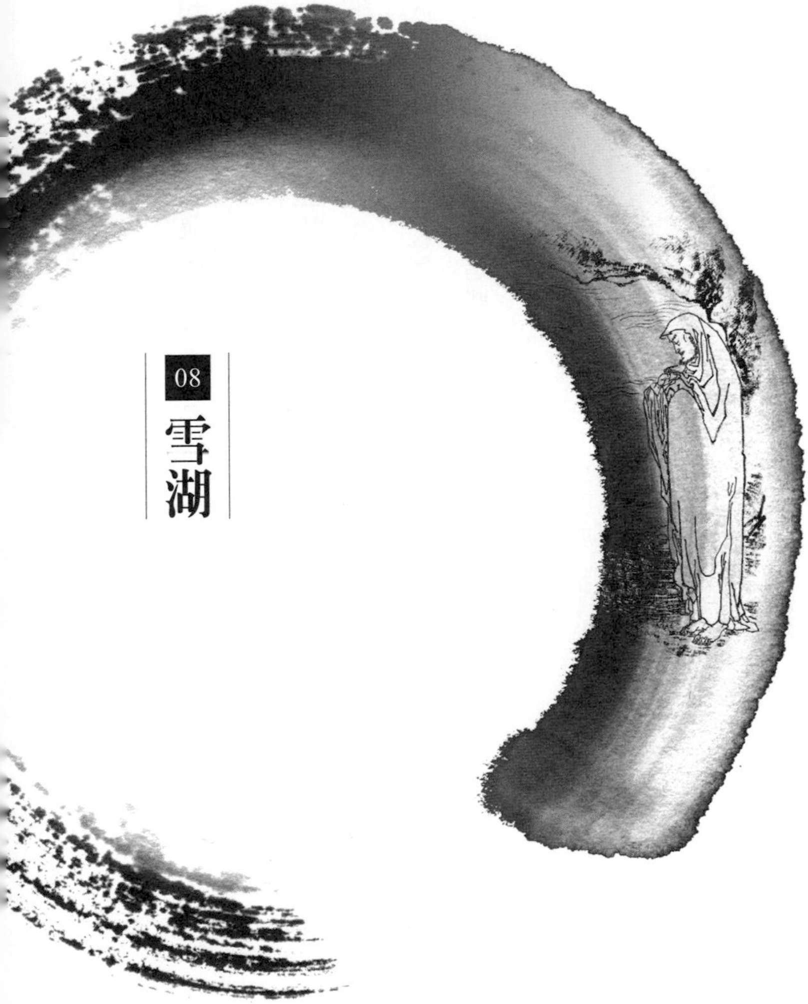

不知道什麼時候，龍樹睡著了。再醒過來時，屋外的風雪已停，四周一片寧靜。

龍樹起身一看，屋內已空無一人，只剩下一個將熄的火盆及火盆邊一只麻布包。龍樹打開布包，發現裡面盡是一些摩訶衍經典，有《般若經》、《華嚴經》、《首楞嚴三昧經》等數十部。這些經書雖然看起來相當舊，不過都保存得很好。龍樹知道，這些是大龍菩薩留給他的，他將經書收好，然後就起身離去了。

一夜風雪過後，屋外的銀色世界更加亮麗動人，地上積雪深厚，每踩一步就留下深深的足印。

龍樹背著重重的摩訶衍經典，心情卻是輕鬆愉快，提著深陷的腳步，一步步朝山下走去了。

✻　✻　✻

「師父，龍樹……就這麼走了……。」

「目前這樣，對他來說是足夠了……。」

「那不是很可惜嗎？離的那麼近，卻又擦身而過。」

「有什麼好可惜的？未悟之人，就算只差一小步，也是天與地那麼遠。」

老、小比丘站在一處懸崖頂上，望著龍樹愈走愈遠的背影，彼此感嘆地說著。

在萬丈懸崖底下，一座美麗的大湖靜靜等待，微風吹送之下，層層波瀾閃爍著動人光芒。

＊　＊　＊

幾本摩訶衍經典，龍樹不久後就讀通了。雖然讀通這些經典，但龍樹卻還是感覺意猶未盡，於是他走訪各國求經，可是卻很少再發現新的經典。

遊走各國的同時，龍樹也試著將他所知道的佛法宣揚出去，於是一路上跟隨他的弟子愈來愈多。龍樹的名號漸漸響亮起來，簡直比在南方時有過之而無不及。只不過，北方人所認識的龍樹，是出家人龍樹，是大乘佛法的龍樹，而不是四公子龍樹。

「臭小子，叫你的師父龍樹出來見我。」

「你是誰？」

「連我是誰都不知道？聽好了，我就是大名鼎鼎的婆羅門一代宗師，無上大師。」

「無上大師？哈哈哈……。」

「笑什麼？」

「你是無上大師，那我師父就是一切智人了。」

「什麼一切智人？胡說八道。」

龍樹在屋裡聽見外面吵了起來，好奇地出來一看，卻看見徒兒小龍與一個白鬍老者正爭執不下。

「小龍，什麼事？」

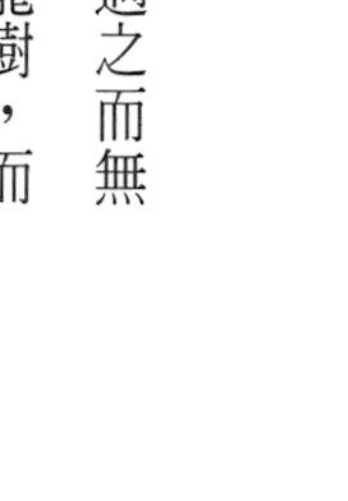

「你就是什麼一切智人？」

「不敢，我是出家人龍樹，不知道小徒哪裡得罪了大師，還請大師見諒。」

「不必說這麼多，龍樹，我今天來是要請你和你的徒弟離開這裡。」無上大師氣呼呼地說著。

「無上大師，我們已經道過歉了，如果你覺得還不夠，我可以……。」

「不要再說了，我今天是代表大家來向你抗議，我們都知道你在傳播大乘佛教，這是不可以的，請你們自動離開吧！」

「大家好像對大乘佛教有所誤解，可不可以讓我找個機會向大家解釋一下？」

「不必了，在我們這裡各種宗教都可以共存，雖然我不是佛教徒，可是我也相當尊敬佛教的出家人。你在這裡打著佛教的旗幟，卻宣傳一些非佛教，已經引起了很多佛教徒的不滿。你再這樣下去，會破壞這個地方的和平，引發不必要的紛爭。所以，我們一致決定請你離開。」

「大師，大乘佛法也是佛法……。」龍樹試著解釋，而無上大師卻不想聽他說。

「這不是只有我說，很多正統的佛教人士都批評大乘佛法是異說，比如《維摩詰經》的內容就與正統佛教不符，維摩詰居士有妻妾又有子女，怎麼能修清淨梵行？可見這都是後人杜撰的，與正法不相應。

「還有，你自稱一切智人，你又說自己是佛弟子，所謂弟子也，就是還有要向老師學習的地方，這樣又怎能算是『一切智』呢？」

龍樹想要再解釋，卻一時也不知該從何說起？無上大師見龍樹沉默不語，以爲他理虧認輸了。

其實，龍樹聽見無上大師的這番論點，心中是有一點無奈的。他自認爲已經很努力地研究大乘思想，也深知這種思想比現在流傳的佛教思想更精湛，可是綜合他目前所獲得的知識，確實是還有很多地方無法連貫。

「其實，我們也不是眞的要趕你們走，只要你們不再稱自己爲佛教徒，你們當然可以繼續留下來。龍樹，你是個聰明人，難道你不明白把『眞正』的佛教徒惹惱了，對你們也沒有什麼好處呢！」

無上大師說完，意味深長地離去了。

「哼，佛教徒有什麼了不起的？」

小龍替師父打抱不平地說著，這句無心的話卻點醒了龍樹。是啊！爲何要執著「佛教」這個名相？如果因爲這份執著而耽誤了正法的流傳，不是很大的罪過嗎？

「小龍，你這回可說對了，不叫佛教徒一樣可以做很多事……。明天起，我將另立新教、另制新戒……。你去通知其他人，師父還有事要忙。」

龍樹心喜之餘，想到在大乘佛法思想中，自己還有一些無法解釋的地方。這些疑點就像一張大地圖上幾塊塡補不了的空白，令人渾身不自在。可是，龍樹又再也找不到更多摩訶衍經典了。

「也許世界上再也沒有其他經典了……也許大乘佛法就是這樣了……。」

「其實，世界上的一切都是可以推理的，包括佛法也是。如果再也沒有其他經典，那我就靠自己的力量來補足這份空白吧！反正，只要能幫助後人學習佛法，又不違背眞理，差一點點又有什麼關係？」

想到這兒，龍樹下定決心，起身走到一處靜室，然後開始盤坐冥思。

他打算用一夜的時間，來參透那些佛經上缺漏的部分。他是那麼充滿信心地坐下去，以至於諸天菩薩看進眼底，都泛起了同情的淚光。

＊　＊　＊

「唉呀！師父，龍樹眞可憐，竟想靠自己的力量來完成這艱鉅的任務。」

「可不是嘛！凡夫以有限的智慧要參透佛智，簡直就是異想天開。」

「師父，您幫幫他吧！」

「還不到出手的時候。」

「要等到什麼時候您才肯出手？」

「稍安勿躁，靜待機緣。」

＊　＊　＊

龍樹一驚，睜開眼睛，發現自己渾身已經濕透了。原來，他在靜坐冥想的時候，不小心打了一個盹兒，夢見自己掉進一個大懸崖中，因而嚇醒了。

他驚惶甫定，順順自己的思緒，立刻又繼續靜坐。

「我行的，我一定行的。」他催眠似地給自己打氣。

過了一會兒，疲倦感又再度湧現，他不小心又打了一個盹兒。這一次他可饒不了自己，狠狠地朝臉上甩了幾個耳光，然後調整姿勢重新開始。

「就算把臉打歪了也開不了悟的。」

「誰在說話？」

龍樹環顧四周並沒有看到任何人。

「龍樹，你出來啊！是我。」

龍樹聽那聲音很熟識的感覺，他起身走到戶外，只見明月之下站著一個出家人。

「大龍菩薩？」

龍樹又驚又喜，趕緊走到大龍菩薩身邊。

「你跟我來。」

大龍菩薩一把捉住龍樹的手，然後邁開大步奔跑。在龍樹還來不及開口前，他發現身體突然變輕了，一轉眼，他和大龍菩薩就飄浮在虛空中。龍樹不敢相信地圓睜著眼，只見地上的景物愈來愈小，耳畔還有陣陣強風颳過。

「您要帶我去哪裡啊？」

龍樹朝大龍菩薩大喊，大龍菩薩緊緊抓著龍樹的手，回頭叫道：「回家！」

「我家不在那邊，在另一邊，南方……。」

「不是那個家，是你眞正的家。」

「我眞正的家？」

「一會兒你就知道了。」

飛行了不知有多久，總之，龍樹從小到大沒有這麼痛快過。

清涼的風颳過臉頰，身子穿越雲端直抵天際，地上的景物已全然看不見。

飛著、飛著，眼前突然出現重重山岳，龍樹認出那就是曾朝拜過的雪山。

從高空往下望，龐大的雪山只剩一堆小山丘，然而在峰與峰之間，卻突然出現一個像鑽石一樣閃爍著耀眼光芒的大湖。

大龍菩薩開始拉著龍樹的手往下墜，當腳底快要碰到湖面時，龍樹正想大叫，卻已經來不及。一陣冰涼浸透全身，接下來，他就什麼都不知道了。

「龍樹……龍樹……。」

龍樹只覺得有人在拍他的臉頰，然後才迷迷糊糊地張開眼。

「這裡是哪裡啊？」

大龍菩薩將龍樹推起來，龍樹揉揉眼睛，突然覺得眼前爲之一亮。

「哇！怎麼會有這麼多經書？這些都是我沒讀過的。」

龍樹驚喜之餘，隨手翻開經書認真地讀了起來。

「你慢慢看吧！我一會兒再來接你。」

說完，大龍菩薩像一道閃電似地不見了。

龍樹此生到現在，從沒像此刻這樣滿足快樂過。

《金剛般若波羅蜜經》，是原來的《般若經》中沒有的。

如來說諸心，皆為非心，是名為心。

如來說世界，非世界，是名世界。

所言一切法者，即非一切法，是故名一切法。

《不可思議解脫經》原來就是坊間流傳的《維摩詰經》，只是內容更爲豐富。

煩惱即菩提，

生死即涅槃。

龍樹停下來思考一番，「煩惱與菩提，生死與涅槃」不是彼此對立的嗎？

再往下看，經文中充滿了很多對立，可是種種對立之間似乎又有一個貫串的眞理。

就這樣，龍樹在這間擺滿摩訶衍經典的屋子裡不眠不休地參悟著佛法，連時間的存在都忘記了。

當大龍菩薩再度出現在他身旁時，龍樹還渾然忘我地沉浸在書中世界。

「龍樹，怎麼樣，這兒的經書還夠你讀嗎？」

龍樹微微一笑，點頭道：「這裡所藏的經書，已經比我在世上所見多過十倍以上了。」

「但是你知道嗎？這裡的經書其實還不到整個龍宮所藏的一半。」

「龍宮？這裡是龍宮？」

「你爲什麼帶我來龍宮呢？」

「因爲你是眞龍之子，這裡就是你眞正的故鄉。龍樹，你知道你的名字有什麼特別的意義嗎？」

「龍是我的族名，取名樹，是因爲我是在樹下誕生的。」

「你只講對了一部分。其實，你的名字共有四種意義：第一義，從純粹的

大海中誕生，就像眞龍誕生於大海。第二義，不住於常、斷二見之中，就像眞龍無所不在。第三義，擁有無上法寶，就像眞龍擁有無限寶藏。第四義，具有火一樣的洞見，就像是眞龍照亮世間。

「龍樹，你是個具有力量的人，也是一個勇猛的人。你是龍族驕傲的子孫，天生就註定要改變人類的命運，創造歷史。你名字中的四種意義，同時也就是上天賦予你的任務。」

龍樹聽完大龍菩薩的話，忽然之間有種恍然大悟的感覺。糾葛多年的煩惱剎那間全都化爲烏有，他的心情瞬間也變成像一座大湖般，清清淨淨，湖面無波。

「大龍菩薩，我眞不知道該怎麼感謝你？」

「別客氣了，時間差不多了，我們走吧！」

才說著，大龍菩薩拉起龍樹的手飛了出去，就在眼睛一張一閉之間，龍樹和大龍菩薩已經回到岸上。這時天已大亮，陽光照耀在湖面上更顯得明媚動人。

「好美啊！」

龍樹還沒讚歎完，空中忽然又傳來嗚嗚的螺聲。龍樹正想問，只聽弦樂、鼓聲等陸續加進，沒一會兒，湖岸兩旁走出一群人，他們一邊吹奏著動人的樂曲，一邊朝龍樹走過來，將龍樹團團圍住。

那樂音彷彿是人間未曾聽聞，從天上飄然而下的仙樂，溫柔地碰觸著龍樹的耳膜。那些人的表情是多麼平和安詳，彷彿他們自己也陶醉在優美的音符中。

吹奏者聚集了一會兒，然後又慢慢散去，消失在山谷之間。然而儘管他們的人走遠了，那飄飄然的樂音卻始終無止盡地在龍樹心中迴旋。

「龍樹，他們都是歡迎你回家的族人。」

「我知道。」

白雪覆蓋的層層山峰倒映在雪湖之上，也倒映在龍樹透明的心中。對於這一切奇蹟似地經歷，龍樹深深地感謝上蒼的垂憐，也默默地爲蒼生祈福。

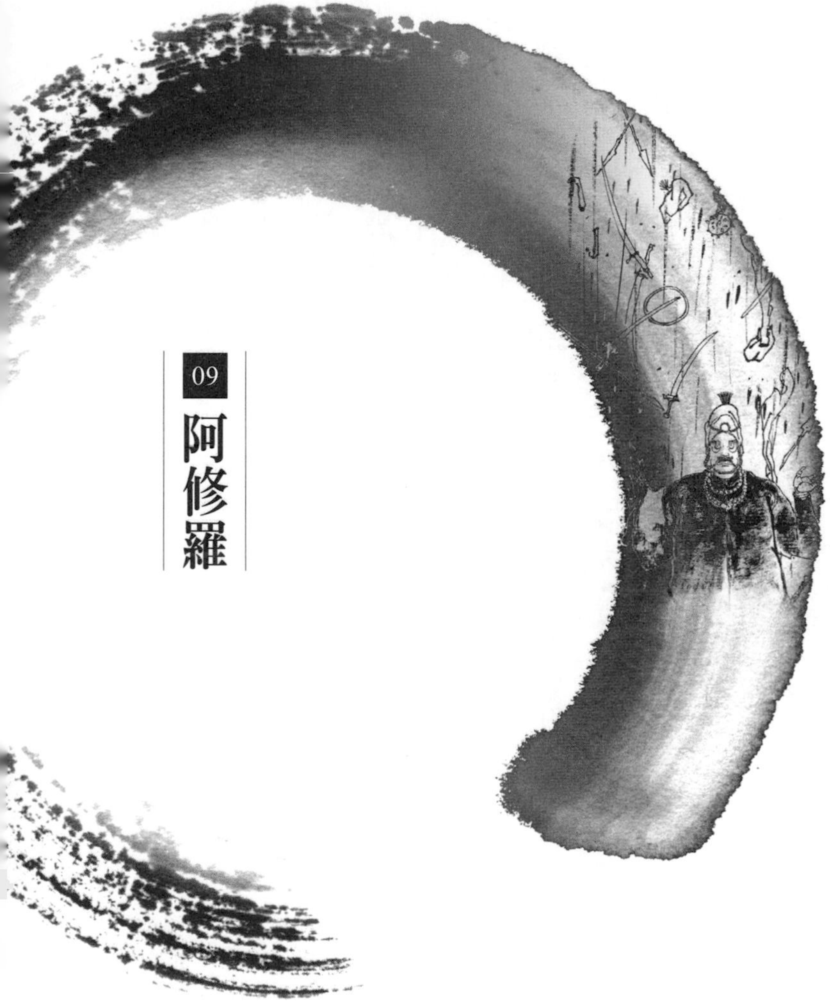

09 阿修羅

「龍樹啊！你知道你在龍宮中待了多久啊？」
「不知道，幾天吧！」
「其實你一共待了九十天。」
「不會吧？我一點感覺也沒有。」
「凡間的時空與天界的時空是完全不同的。我現在要帶你回南方，你回去以後不要太驚訝，因爲一切都已經不同了。」
大龍菩薩說完，乘著一陣風吹起，將龍樹往前一推，轉眼間，龍樹已落到一堆草叢中。他站起來放眼望去，筆直的椰樹排列成行，微風吹得椰葉沙沙作響。
沒錯，這兒就是龍樹的家鄉南天竺畀達拔國。
「師父，師父……。」
龍樹聽見有人在叫師父，回頭一望，發現是徒弟小龍。
「你怎麼來的？」
龍樹吃驚地看著他。

「有一位仙人說要帶我找師父，我一閉上眼睛，就來到這兒了。」

龍樹知道是大龍菩薩送他來陪伴自己，微笑地摸摸小龍的頭，然後牽著他的手往前走。

「師父，我們要去哪裡啊？」

「到處看看囉！」

邊走邊看，龍樹很快地發現了改變。街道、屋舍都和以前不一樣，熟識的人也都不知道哪裡去了？甚至連龍樹的親人都下落不明。一番打聽之下才知道原來發生了幾場戰爭，南天竺的幾個小國有的被滅了，有的合併起來，總之是物換星移，景物全非，原有的界達拔國也早就不存在了。

龍樹聽人說勢力最大的南天竺國目前正在城外結兵，企圖將諸國一網打盡，於是帶著小龍往城外走去。

「師父，您打算怎麼做？」

「看著辦吧！」

龍樹師徒倆走到城門邊，正好遇上南天竺王的軍隊在招募將士，一個將軍模樣的人大呼小叫地吆喝著。

「這位將軍，我想參見南天竺王，可否請將軍代爲通傳？」

那位將軍看都不看一眼，揮揮手，道：「走開，走開，沒空理你。」

「大將軍，我眞的有要事相稟，這件事關係著千萬人的福祉。」

「你是誰？你到底有什麼事？」

「我是出家人龍樹，我想勸南天竺王止戰求和。」

「就憑你？」那位將軍搖頭道：「我看你是活得不耐煩了！別說龍樹是誰沒人知道，就憑你是個出家人的身分，國王就不會見你的了。」

「爲什麼？」龍樹好奇地問。

「唉！你不知道嗎？我們國王不但不信佛教，而且還很討厭出家人，圍在他身邊的都是些婆羅門妖師……。唉！別提了，這些婆羅門妖師成天搞些妖術，弄得我們這些士兵們也都渾身不自在……。」

「既然這樣，大將軍，我也想加入軍隊。」

「你想從軍？你行嗎？」

「其實我還未出家前，對帶兵打仗的陣術還頗有研究……。」
「那好吧！你去那邊登記一下，領一套制服。」
就這樣，龍樹加入了南天竺的軍隊，成爲一個軍人。
換上軍裝，套上頭盔面罩的龍樹果然不同凡響，一站出來，立刻吸引了眾人的目光。
大將軍看了以後也很滿意，派龍樹做了一師的師長。
南方戰事又起，南天竺王決定乘勝追擊，一統諸國。出兵之前，南天竺王特別點召所有將士進行仗前演練。
軍容壯盛的隊伍連番上陣，各個在南天竺王的面前力求表現。只見國王坐在高位之上頻頻點頭，滿是得意之色。突然，南天竺王只覺眼前一亮，整個精神爲之抖擻起來。
正在操演的是龍樹所統率的隊伍。只見龍樹手執一面紅旗，神色自若地指揮隊伍前進。數千名將士在龍樹指揮下進退自如、攻守靈活，如入無人之地。
南天竺王驚歎之餘，好奇地向身邊侍衛詢問：「那個拿紅旗子的是什麼人？」

「那人叫龍樹，是個怪人。他從軍以來一直表現良好，可是既不領薪又不要食糧，問他要什麼也不肯說。」

「是嗎？有這樣的人，嗯！叫他來見我。」

說著，龍樹被叫到南天竺王的面前。

「你叫龍樹？」

「是。」

「你到底是什麼人？」

「我是一切智人。」

南天竺王一聽嚇了一跳，心想此人眞是大膽，吹了這麼大一個牛皮，就算要圓謊也不容易。而一旁的婆羅門師們聽到龍樹這麼說，各個都抱著看好戲的心理在那兒暗暗偷笑。

「一切智人……是曠世難求的……。龍樹，你有什麼可以證明的？」

「國王，如果您不相信，您可以問我問題，任何問題我都可以回答您。」

南天竺王又是一楞，心想：「這狂妄的小子，我今天若不能提一個高明的問題，豈不是會被人看輕？」

想了很久，南天竺王終於開口，他指著天上道：「那你說說，天界此時此刻正在做什麼？」

「天界中發生了一場阿修羅❶戰爭。」

「阿修羅戰爭？」

南天竺王一聽，一時不知該說些什麼，只覺得喉頭一陣乾澀，好像有什麼東西哽在那兒，既吞不進又吐不出。

龍樹知道光是這麼說，眾人是很難信服的，於是道：「國王、各位，請稍等一下，待會兒就可以看到東西了。」

「什麼東西？」

正問著，忽聽一陣兵器的碰撞聲，接著又見兵器哐啷地從空中掉下，之後又有一些斷肢殘臂掉下。

龍樹兩手一揮，頓時吹起一陣狂風，天上的雲霧一掃而空，空中出現了兩

軍對陣的景象。

南天竺王與眾人都看得合不攏嘴。原來，天上的阿修羅戰爭就跟人間的戰爭一樣慘烈，當尖刀刺入敵人心臟時，國王的心也跟著噗通地跳了一下。

龍樹看時候差不多了，於是脫下頭盔，走到南天竺王腳下，道：「國王，所謂『樹不伐本則條不傾，人主不化則道不行』，國王如果相信邪道、喜歡戰爭，則你的子民也不會走上正道，這樣，國家永無寧日，社會難保太平。一國之君應該以身作則，愛惜百姓。國王，請放棄武力，並信奉佛法吧！」

「好……好……我信你，我信你……。」

說著，南天竺王左顧右盼，然後命令道：「大家聽著，從現在起所有的人改信佛教，並且立刻拜龍樹爲師。」

南天竺王皈依了佛教以後，又再命令身邊的婆羅門師剃掉鬚髮跟隨龍樹出家，一時，龍樹多了好幾百名弟子。

這些人中有的固然是佩服龍樹的，但也有人並不服氣。這些不服氣的人，日後漸漸變成一股反對的勢力，處處針對龍樹、針對大乘佛法，爲佛教的未來增添了些許紛擾。

❖註釋❖

❶阿修羅：佛教有六道輪迴之說。阿修羅為其中一道，形像恐怖、面目猙獰、性情暴躁、喜怒無常。

10

獨眼提婆

龍樹在南方諸國展開大乘佛法的弘傳工作。他著書立說，與傳統佛教展開辯論，引起廣泛地注目。其中，憍薩羅國引正王對龍樹更是倍加尊崇，特地蓋了一座五層高的伽藍❶送給他做爲弘法的道場。

龍樹在憍薩羅國安住下來，轉眼間數十年過去了，一天，門人通報一位名叫提婆的修行人來訪。提婆的名字龍樹聽過，可是他的修爲如何龍樹卻不清楚，於是龍樹決定試試他。

「小龍，你過來……。」

龍樹在小龍耳邊吩咐了幾聲，只見小龍端了一盆滿滿的水走出去，過了一會兒，又滿臉狐疑地回來。

「他有說什麼話嗎？」

「沒有，他什麼也沒說，只投了一根針在水裡。」

龍樹仰天大笑，道：「聰明，聰明。」

「師父，我還是不懂……。」

「唉！提婆果然是觀察入微，智慧過人……。其實，這盆水是我給他出的

題目，它象徵我的智慧，提婆投針入水，表示他有決心學到我智慧的精華。」

龍樹和提婆第一次接觸的無聲過招，讓所有人都佩服不已。在敬佩之餘，龍樹立刻請人去引提婆入內。

提婆這個年輕人說起來也是自視甚高的，他一見龍樹並不立刻頂禮，只是點頭問好。

「唉！我老了，能看到年輕一輩中有你這樣的人才，我很欣慰。」

提婆聽到龍樹這樣讚他，心中微微得意。

「不過，我的弟子們都不認識你，你何不介紹一下你自己呢？」

「不知大師您想知道些什麼？」

「什麼都可以……不如這樣，就從你如何失去那隻眼睛說起吧！」

「那好。」

提婆娓娓訴說從頭。原來，提婆的外號叫「獨眼」，這中間有一個迂迴曲折的典故。

話說數載之前，提婆是一個才華蓋世的婆羅門弟子，名聲傳遍全國上下。

可是，提婆的內心並不以此爲滿足，他想要獲得至高無上的眞理，想要找到一位能傳授他全世界的學問的老師。

當時提婆的國家中有一間神廟，廟中供奉了一尊神明，據說非常靈驗，能使人有願必成，叫作「大自在天」。這一天，提婆一個人來到神廟外，看見數千名信徒排隊等著進去求願。由於求願的人太多，加上天氣炎熱，人群中浮動著一股煩躁之氣。提婆排了好半天才進入廟中，一進去，卻沒看見大自在天神像。他看見很多人都只是把供品放在桌上，說完自己的心願後就離去，內心不免感到十分奇怪。

「奇怪，怎麼不見大自在天神像呢？」

提婆好奇地向廟主詢問，沒想到廟主沒好氣地回答：「你有什麼願望在這兒說說就行了，幹嘛非要見神像？」

說完，廟主見人群不斷湧進，顧不得什麼破口大罵：「退後點兒，退後點兒，不然都沒得求。」

提婆見到一陣混亂，不由得感到荒謬，他心頭燃起一把怒火，推開廟主往內

殿跑去，一進去，看到一尊兩丈高的金像果然威風凜凜、怒目圓睜地站立著。

「你是什麼神啊？眾生有那麼多苦難你都看不到，我看你也是有眼無珠。」說著，提婆搬了一把椅子過來，爬上梯子，將大自在天神的一隻眼睛挖了出來。

「哇？大自在天神的眼珠被挖出來了！」

「唉呀！怎麼搞的？天神不是無所不能的嗎？怎麼一個小小的婆羅門弟子就能將他的眼睛挖出來？可見天神也是名過其實的，我們以後不要再相信他了。」

信徒們七嘴八舌地討論著，沒有多久就一哄而散了。

夜深了，神廟裡空無一人，只有提婆和大自在天神長長的影子相依為伴。

想了一整夜，直到天將亮時，提婆擺開祭祀桌，將上好的精緻美饌供奉其上。

「神啊！我的所作所為也許看似魯莽，然而我不是有心要侮辱神，也不是瞧不起神明的威德，我只是想讓那些人明白，天神的偉大並非寄託在鍍金的形像中，而應存在人們的心底。」

提婆說完，斟上一杯美酒與天神共飲。

就在一人自斟自飲之時，大自在天神化爲人形從神像內走出來，只不過一隻眼睛卻顯得乾涸無神。

「人們只看到我的外形，而你卻能看到我的內心。人們以畏懼心供養我，而你卻能以恭敬心供養。提婆，你所供養的美饌眞是盡善盡美，是眞正的無上布施。不過，很可惜並不是我眞正需要的。」

「不知天神需要的是什麼？只要我提婆能力所及，一定盡我最大能力去完成。」

「我需要的是一隻眼睛，你能幫我嗎？」

「當然。」

提婆不加思索，立刻伸手將自己的左眼挖出來……。

「善哉，善哉。」

大自在天神欣慰地笑了，道：「現在，你有什麼願望可以說出來了。」

「唉！我生平沒什麼遺憾，唯一的恨事是眾生愚昧，都聽不進我說的話。天神，我所求的很簡單，我願自己所言句句都是眞理，願眾生都能接受我的勸導，行善向上。」

「到憍薩羅國去找龍樹菩薩，他一定能滿你所願。」大自在天神指示道。

就這樣，剩下一隻眼睛的提婆接受天神的指示，一個人來到憍薩羅國求見龍樹。雖然他並不知道龍樹這位大乘佛教的宗師究竟可以教導他些什麼，他還是勇敢地來了。

龍樹等人聽完提婆的故事，都感到十分感動。

「提婆，你挖出神像的眼睛是以無破有，自挖眼睛是以有破無，然而有無並不是完全對立的，它們之間還有一條『中道』，『中道』破除有無的執著，是一個修行人該走的路。」

提婆聽完龍樹的開示，突然感到茅塞頓開，他知道龍樹果然是不同凡響的。

「龍樹菩薩，請您收我爲徒，教我實踐『中道』之路。」

「好，好。」

龍樹立刻就答應了。提婆跪地叩頭頂禮，正式出家，就像當年龍樹在山谷中的小寺出家一樣。

眾因緣生法，我說即是無；
亦為是假名，亦是中道義。

提婆一邊參著龍樹所唱的偈子，一邊感覺內心裡好像有某個地方的蓋子被掀開了似的……。

他決定從此將全部身心都捨給佛法與眾生，做一個稱職的大乘佛子。

❖註釋❖

❶伽藍：梵文的略譯，全譯為僧伽摩藍，意譯為眾園、僧院。原指僧眾所居的園林，後來指僧人所居的寺院、堂舍。

11 長生術

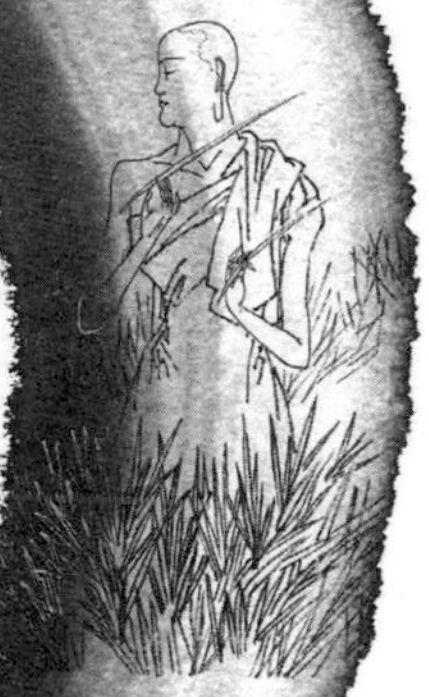

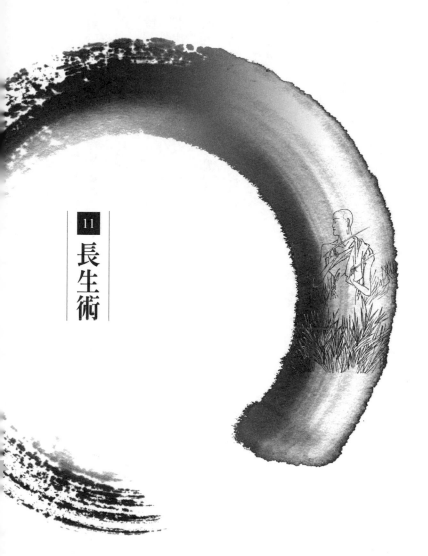

對於世人而言，龍樹的思想就像一個永遠也挖掘不完的寶山，生活在龍樹身邊的人是幸運的，而能夠供養龍樹的人更是有福報的。

憍薩羅國引正王深明此理，於是傾其所能地供養龍樹，建寺立塔全力協助龍樹弘揚大乘佛法。

時光荏苒，轉眼間不知道過了多少年，龍樹在引正王爲其建造道場的黑蜂山大弘佛法，寧靜的山中歲月感覺不到外面世界的變化，時間仿佛靜止了一般，無聲無息。

這一天，憍薩羅國最小的王子來到母后房裡，一坐下就哀聲嘆氣。

「唉！苦啊！」

「你又哪裡不自在了？」

「渾身都不自在。國事輪不到我管，家事由不得我作主，眞是倒楣透了。」

「你有什麼好抱怨的？比起你那十幾個王兄，你已經算是幸運的了。」

「說的也是，我那些可憐的兄長們，到死時連王位的邊也沒能摸上一摸。

唉！不過，話說回來，母后，我到底什麼時候可以登上王位？」

「依現在看……遙遙無期。」

「爲什麼呢？」

「你父王活了幾百歲，他的子孫老死的不知道有多少了，而這都是拜龍樹所賜。只要龍樹一天不死，你父王就不會死，你也就無法登上王位。」

「這個龍樹眞有這麼厲害嗎？」

「那可不？你父王能活得這麼久，完全是靠龍樹的長生術所致。」

「長生術？那可慘了，父王如果長生不死，那我是永遠也沒有機會當上國王了。唉！母后，幫忙想想辦法吧！我可不想像其他王兄那樣遺憾終生。」

「辦法其實是有的，只是不知道你敢不敢試而已。」

「什麼辦法？」

「你父王的長生術是龍樹所傳，只要把龍樹解決了，你父王自然活不了。」

「辦法是不錯，可是龍樹那麼厲害，怎麼可能輕易地解決？」

「表面上看起來很困難的事，做起來也許反而簡單。」

「母后的意思是？」

「你別忘了，龍樹是行菩薩道的大乘菩薩，菩薩是捨己爲人的，你去求他，就算要他把頭割下來給你，他也不能拒絕的。」

「咦？高招呀！母后，您眞是太聰明了，好玩、好玩，我這就去找龍樹……。」

就這樣，憍薩羅國的小王子來到黑蜂山拜訪龍樹。

當小王子來訪時，龍樹正在佛堂內讚誦經行❶。由於門人看到小王子突然造訪都非常驚訝，還來不及通報，小王子已經不請自入，直闖內殿。

「大師好！」

龍樹看到小王子也很驚訝，他停下腳步道：「王子也好。不知大駕光臨有何指教？」

「喔！其實也沒什麼，前幾天和母后談論佛法，突然產生了一些疑惑，想來向大師討教。」

「王子有什麼疑惑呢？」

「是這樣的，我常常覺得現在的人太過愛惜自己，不懂得布施，所以常常很煩惱。有一天，母后對我說了佛經中很多捨身救人的故事，比如佛陀割肉餵鷹、月光王施婆羅門頭、慈力王以自己的血餵餓藥叉等……，我聽完之後覺得很奇怪，爲什麼像這樣的發心菩薩現在都找不到了呢？」

「王子不必難過，只要大乘佛法普遍流行，發心菩薩就會愈來愈多。」

「是啊！我母后也是這麼說，所以母后叫我來向大師要一樣東西。」

「不知你想要什麼？」

「我要的東西很簡單，龍樹菩薩，請問您可以將您的頭割捨給我嗎？」

龍樹一驚，隨即明白了一切。

其實，龍樹因爲長生術的緣故和引正王都活了幾百歲，可是容貌卻都還和年輕的時候一樣。龍樹也知道自己活了太久了，可是一想到大乘佛法尚未普及，他就捨不得離開眾生。

直到橋薩羅王子的刻意提醒，龍樹才體認到自己實在不能再留戀人世了。

「行菩薩道的人，應該要對眾生慈悲，視自己的生命如浮雲、身體如朽木，這不是大師您常說的話嗎？所以，我請求大師不再執著於自己的身體，把您的頭捨給我吧！」

龍樹一笑，道：「你說的是，學佛、學佛，到底學得是什麼呢？其實就是一個『捨』字。

「《金剛經》有言：『一切有爲法，如夢幻泡影，如露亦如電，應作如是觀。』

「身體髮膚亦是夢幻泡影，於四生❷六趣❸中輾轉流離，並無什麼可戀之處。不過，有一事我必須向王子說明，我若死了，你父王也將隨我一同死去，這點，你不會怪我吧？」

小王子笑而不答。

到了這時候，龍樹也沒有什麼罣礙了。年輕時因爲逞情縱欲犯下大錯，現在終於可以償債了。

生無可戀，死有何懼？這時的龍樹不要說割下一個頭，就算是粉身碎骨他

也不會有半點遲疑。

龍樹環顧四周，發現並沒有什麼可以運用的工具。突然間，他轉頭看見窗外的大樹下長著一叢乾茅草。這種乾茅草又長又硬，葉沿像刀那麼鋒利，平常的時候龍樹常常告誡門人要小心這種草，不要被割傷了。然而今天龍樹看見它們，卻很高興地迎上前去。

小王子不知道龍樹要做什麼，抱著好玩的心態跟在後面。走到佛堂外庭院裡的大樹下時，見龍樹蹲下身子不知做什麼弄得窸窸窣窣的，一會兒又見他直起身子，手中拿著一枝乾茅草轉過身來。

小王子正想問龍樹要做什麼，卻看見龍樹拿起鋒利的乾茅草往脖子上一抹，隨即身後傳來一陣驚呼……。

「師父……。」

小王子回頭再看，龍樹已身首異處，汩汩的鮮血從斷頸中流出。

龍樹的弟子們趕到時，已然來不及。眾人哭倒在龍樹的屍身旁，哀嚎聲連黑蜂山下的農人都聽得見。

這時小王子才知道自己闖下大禍，頓時覺得天昏地暗，兩腳發軟。他萬萬沒想到，龍樹菩薩眞的會割下自己的頭……。

❖註釋❖

❶經行：禪修的方法之一。練習在走路時，動中修禪，也可達到身心統一的境界。

❷四生：有情眾生的四種類別，有卵生、胎生、濕生、化生等。

❸六趣：又叫六道，有地獄道、餓鬼道、畜生道、修羅道、人道、天道等。

12 空刀

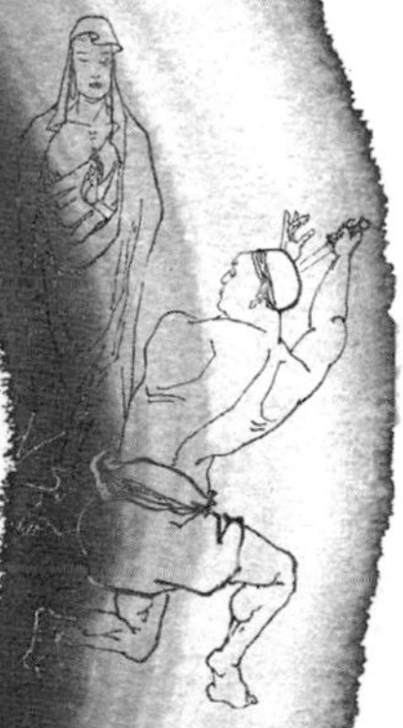

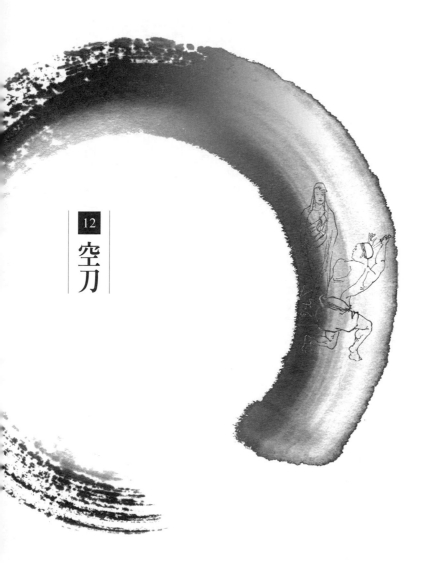

憍薩羅國的小王子知道自己闖下大禍，沒命地跑下山去了。一回到王城中，聽見街頭巷尾間到處都是哭泣聲，一時不明白發生了什麼事，直到回宮後，才知道憍薩羅國引正王已經駕崩。

就這樣，小王子得償所願登上王位，憍薩羅國也展開了一頁新的歷史。史書上並沒有記載新統治者的政績，不過五百年後，中國唐朝的高僧玄奘前往天竺取經時，曾經到憍薩羅國。據他親眼所見所聞，憍薩羅國還留下很多引正王時代的道場與佛塔遺跡，現任國王崇敬佛法、仁慈愛民，國中人民大都還是信仰大乘佛教，這些都是龍樹成功推展大乘佛教的證明。

卻說龍樹入寂，黑蜂山的門徒各個頓失所依。身為龍樹得意弟子的提婆被推舉為繼承者，於是提婆便一肩挑起代佛宣化的責任，於南天竺各地大轉法輪。

＊　＊　＊

大山與小山是一對婆羅門教的師徒。這兩個人徒步旅行全天竺，是一對精進的苦行者。

這一天，兩人穿越了千山萬水，終於來到憍薩羅國。一入此國，就聽說提婆菩薩的名號。

「小山，聽說提婆菩薩的講經法會正在舉行，咱們去見識見識好不好？」

「師父，您有沒有搞錯啊？那是佛教徒的法會，我們幹嘛參加？」

「去聽聽看嘛！反正也沒有什麼損失，順便可以拿點布施。」

「好吧！就聽您的，師父。」

於是大山、小山拖著蹣跚的步伐，來到提婆菩薩講經的會場。遠遠地，他們就看見萬頭攢動的場面，密密麻麻的人群圍著一座高台，台上站著一位矮小精壯、膚色黝黑的長者。

「諸聖之中佛聖第一，諸法之中佛法第一，一切救世中佛僧第一。」那位長者這樣說著。

「那就是提婆菩薩吧！」大山聽得目瞪口呆，嘴中喃喃地說著。

「看起來也沒什麼了不起嘛！」小山不服氣地說。

「我提婆歡迎各位提出各種論點來反駁我，如果有任何人證明我說的是錯的，我願意割頭賠罪。爲什麼呢？因爲如果我把錯的當對的來講，那麼留著一個愚蠢的頭又有什麼用呢？你們說是不是呢？」

眾人聽提婆菩薩立下如此重誓，都紛紛叫好。

「好啊！提婆，如果我們辯輸你，我們也割頭賠罪，就像你說的，留下一個愚蠢的頭又有什麼用呢？」

提婆微微一笑，道：「不用啦！如果你們輸了不用割頭，佛法是慈悲救世的，你們只要剃掉頭髮跟我出家就可以了。」

「行了，行了，快開始吧！」

說著，一個婆羅門躍上高台展開滔滔雄辯。

辯論會熱鬧哄哄地進行著，有的人兩三下就下台了，有人也許可以講得比較久，但最終還是折服於提婆的睿智，紛紛剃去鬚髮，出家爲僧。

這樣的辯論會一連進行了三個月，王家所布施出來的僧服十幾輛車也運不

完，三個月之中得度的眾生多達萬餘人。

「師父，您看，那麼多人都出家了。」

「是啊！佛法眞的不錯，小山，不如我們也出家吧！」

「這怎麼可以呢？師父，您別忘了我們可是有著優良血統的婆羅門子弟，那個提婆只是口才好罷了。」

「小山，我看不是這樣喔！」

是諸法空相，不生不滅，
不垢不淨，不增不減。
是故空中無色，無受、想、行、識，
無眼、耳、鼻、舌、身、意，
無色、聲、香、味、觸、法；
無眼界，乃至無意識界，
無無明，亦無無明盡；

乃至無老死，亦無老死盡。
無苦、集、滅、道，
無智亦無得。
以無所得故，菩提薩埵，
依般若波羅蜜多故，心無罣礙；
無罣礙故，無有恐怖，
遠離顛倒夢想，究竟涅槃。

「小山，你聽聽，這說得多好啊！簡直比天上仙樂還要悅耳。

「小山，師父顧不得你了，我決定剃度出家。」

「師父，不要，您出家了我怎麼辦？」

大山似乎並沒有聽見小山的呼喚，就這麼默默跟著剃度的隊伍離去，轉眼間就消失在人群中。

「師父……。」

小山不敢置信地看著師父離去。這一切發生得如此迅速，以致於他連挽留的話都來不及說出口。

當他回過神時，廣場上已經空無一人。

天黑了，小山一個人在憍薩羅國的大街上遊蕩。

聽人說提婆菩薩的道場在城外的黑蜂山上，小山於是往城外走去，心想也許還能碰到大山師父，勸他回頭。

走在無人的街道上，感覺格外冷清，明亮的月光照得人心頭莫名的發慌。

「師父不曉得中了什麼邪，竟然只聽了那妖僧幾句話，就放棄一生的修行改信佛教。可惡的獨眼提婆，他有什麼了不起的，竟能如此迷惑眾生！不過是一張嘴巴厲害罷了。」

想到這兒，小山不小心摸到腰際一柄冰冷的刀，這把刀提醒了他一個念頭。

「什麼色即是空，空即是色，根本狗屁不通！哼，可惡的獨眼提婆，你以利嘴贏我，我難道不能以利刀勝你嗎？我倒要看看你的空刀與我的實刀哪個比

較厲害？」

想著，想著，小山握緊刀柄往黑蜂山大步走去。

而正當小山手握尖刀往黑蜂山趕去時，提婆菩薩與眾弟子正在林野中打坐。這一夜也是個月圓之夜，朦朧的月兒像是知道了太多故事，溫柔地撫照大地。

提婆靜坐了一些時候，然後起身漫步經行。正當他慢慢走出林子時，看見一個黑黝黝的大漢忽然跳出來擋在面前。

「提婆，我要你的命。」

提婆沒有半點驚慌，冷靜地道：「有話慢慢兒說……。」

「你以口破我師，我就以刀破你腹……。」

說時遲，那時快，小山撂倒提婆菩薩，雪亮的尖刀刺入提婆的腹中……。

✽　✽　✽

「啊！」

連綿萬里的山谷丘壑再度響起悠遠深長的螺鳴聲，「嗚……嗚……」的螺鳴像算好時間似的，配合著老、小比丘的驚呼聲而響起。

「師父，這怎麼得了？」

「唉，愚癡的眾生啊！」

「師父，咱們快過去看看，也許還有得救呢！」

「這都是業障，沒得救了。」

說著，老、小比丘又嘆了口氣，然後一致地提起步伐緩緩離開。

13 涅槃

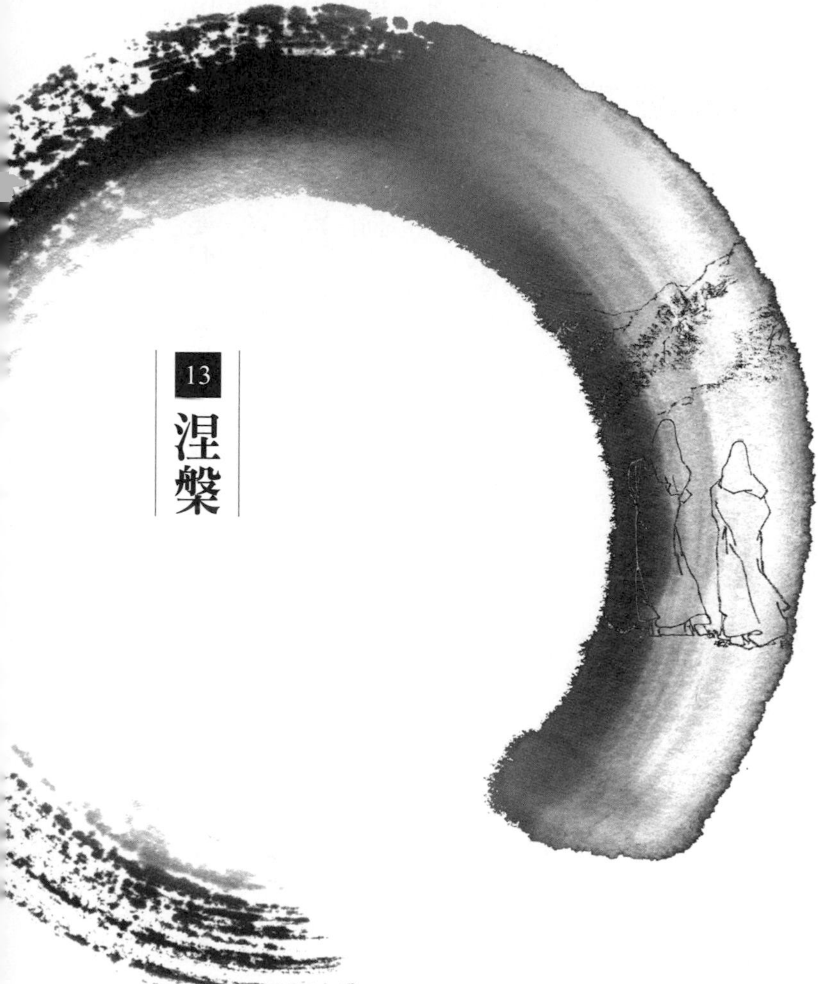

小山拔出尖刀，提婆的鮮血隨著刀刃抽出而濺了小山一臉。看著滿手滿臉的鮮血，小山忽然感到害怕，丟下刀子就想往山下跑。

「小兄弟，往那邊跑才對……。」

提婆指著山上的方向：「往山上跑才不會被懷疑……，往下跑，很快就會被捉住了……。」

「你去林子裡，到我的座位上拿我的衣缽，有那件衣缽，別人就不會爲難你……。我那些還未開悟的弟子……若是知道你殺了我……就算不殺你，也會將你送官府的……。」

「你爲什麼要幫我？」

「我不想你坐牢……，你如果坐牢……就沒有機會學佛了……。」

「我……我殺了你，你還肯幫我？」

「小兄弟，我知道你不是故意要殺我的，你這麼做，只是一時被自己的狂心所欺。人心若是發狂，所見到的世界都是顛倒的，對於人、我、苦、樂也就產生了執著。小兄弟，放下執著唯有學佛，唯有佛法的智慧會讓人狂心頓

歇。」

正說著，林子裡傳來呼喝聲。

「你快走，我的弟子們來了。」

小山還握著提婆的手，一時間不知該走還是該留，正猶豫著，提婆的弟子已經趕到現場，看見師父倒在血泊中，個個都驚恐不已，痛哭失聲。他們看見小山渾身是血地楞在那兒，立刻就衝向前去將他按在地上。

「聽我說……聽我說……。」

弟子們聽見提婆微弱的聲音，不得不停止一切，圍到他身邊來。

「我的死是我自己的業力所致，跟任何人都沒有關係，你們不要為難他。你們哭、你們怨，代表你們尚未開悟。

「難道你們還不明白，害我的人所害的其實不是我，而是他自己的業報。想一想我所說的，我……走了。」

說完，在弟子們的啜泣聲中，提婆菩薩靜靜地圓寂了。

＊　＊　＊

若一切法空，無生無滅者，
何斷何所滅，而稱為涅槃？

無得亦無至，不斷亦不常，
不生亦不滅，是說名涅槃。

若涅槃是有，涅槃即為有，
終無有一法，而是無為者。

若無是涅槃，云何名不受，
未曾有不受，而名為無法。

受諸因緣故，輪轉生死中，
不受諸因緣，是名為涅槃。

涅槃與世間，無有少分別，
世間與涅槃，亦無少分別。

鵝毛一般的雪花旋轉而下，堆積在他的臉上，雙頰冰凍的感覺中，他緩緩睜開雙眼。

雪原刺眼的白光扎進眼底，一開始他覺得有點兒痛，然而沒有多久，他就適應了這種感覺，甚至慢慢地，他還生起了一種很美、很舒服的感受。

轉動的世界終於靜止在他的眼底，張成大字形的身體牢牢貼著大地，關係牢不可破，再也不怕因爲轉動過劇而失去重心。

一切法空故，何有邊無邊，

亦邊亦無邊，非有非無邊。
何者為一異，何有常無常，
亦常亦無常，非常非無常。
諸法不可得，滅一切戲論，
無人亦無處，佛亦無所說。

「你終於來了，我等你好久了。」

提婆從雪地上一躍而起，驚喜地發現龍樹菩薩就站在身邊。

「師父……您怎麼會來了？」

「你又怎麼會來了？」

「我……我什麼都不記得了，只記得有一對老、小比丘引我來到這兒，接著我就什麼都不知道了。」

「不記得就不記得，忘了也好，你跟我來吧！」

提婆連忙跟著龍樹走。乍見龍樹，他只覺得龍樹的容貌一點兒都沒有變，

好像時間根本不存在似的。

師徒倆一前一後地走在雪地之上，一個沒有說什麼，另一個也沒有問什麼。

蒼鷹在空中盤旋，「嗚……嗚……」的螺聲再度響起，沉渾有力的聲音在層層山岳間百轉千迴直抵天際。

浩瀚的宇宙中，兩個孤單的身影無聲地朝著雪山最深處前進。每走一步，龍族呼喚的螺聲就更加強而有力。

終於，他們翻過了一個山頭，來到最神祕的雪湖之鄉。

「好美啊！」

提婆看見閃閃發亮的雪湖，不由自主地讚歎著。

「我們終於到家了。」龍樹說。

是的，經過了累世的修行，他們終於回到內心的家。

吹螺的龍族勇士從山邊走出來，緩緩將他們圍繞。螺聲、鼓聲、絲竹管弦交織成一片，像雪湖上的碧波一陣陣溫柔地推送。

就在仙樂飄起的時候，生命就像雨過天晴那般清晰。
廣大無邊的幸福，就這樣占據了龍樹與提婆的心。

佛學視窗

- 時代背景
- 龍樹菩薩的論著
- 龍樹菩薩的主要思想
- 龍樹菩薩的影響與貢獻

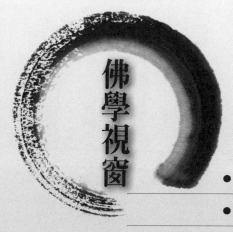

時代背景

有關龍樹菩薩的出世，各種傳言，眾說紛紜，很不一致。其中，最主要的說法有：

一、僧叡的〈大智度論序〉、廬山慧遠的〈大智論鈔序〉等記載，菩薩生於佛陀入滅後九百年左右。

二、《百論疏》卷上記載，菩薩生於佛陀入滅後五百三十年左右。

三、《龍樹菩薩傳》說：龍樹菩薩「去此世以來，始過百歲」。由於本傳是鳩摩羅什在前秦建元十八年（西元三八二年）所翻譯的，印順導師依此推見龍樹菩薩在世的時代，約略爲西元一五〇年至二五〇年。現代的學者，多採用這種說法。

印度大乘佛教的發展

龍樹菩薩出世時的印度，正處於大乘佛教與佛像初興的時期，此時也是大

乘佛教與小乘佛教對抗與交流的階段。

根據考據，當時在印度東南方發展的佛教是活潑而進取的大眾部（又稱分別說部，漸漸開拓出大乘佛教）。而在西北方展開的是傳統的上座部，上座部由於觀念比較拘泥且保守，所以被大眾部訶斥爲「小乘」；而大眾部開闊不拘的思想，則被保守的上座部批評爲「非佛說」。當時，南北、大小的派別尖銳地對立著。

龍樹菩薩早期是在印度傳統的部派寺院中出家，精讀許多小乘的經論與律著。其後，在雪山（印度的雪山有大雪山、小雪山，都在印度西北）中的某一寺院中，讀到了大乘經典。由於他曾經長期在小乘佛教的環境中學習，也深入研究過大乘佛教的經典，這樣的環境與背景，造成他綜貫南北，融合空有、大小乘思想的特質。

龍樹菩薩在世時，一方面代表新興的大乘佛教，和傳統的小乘佛教相抗衡；另一方面，也結合當時的政治力量與一向被視爲正統的婆羅門教相周旋。《龍樹菩薩傳》說他死在一小乘論師的手裡，《布敦佛教史》中則說他死於宮廷的政治鬥爭中。這兩種說法，表面上看來似乎是互相矛盾的，但事實上正好反映了龍樹菩薩在這時空中，所肩負對抗小乘佛教及婆羅門教的時代使命。印度佛教由於龍樹菩薩的努力，漸漸從對立分化中步入融合與統一。

龍樹菩薩的論著

龍樹菩薩的論典，在中國內地以及西藏，譯傳很多。主要的部分可分爲兩類：

一、深觀論。深觀論的著作如《中論》、《十二門論》等，是以探究諸佛的實相爲中心，是佛教談人生「迷與悟」的關鍵所在，重點在不離正見、如實中道的修行。

二、廣行論：廣行論的著作如《大智度論》、《十住毘婆沙論》、《菩提資糧論》等，是以菩薩的廣大行果爲重心，重點在於引發眾生的信願，積集各種福德資糧。

依據《昭和法寶總目錄》所記載，列在龍樹菩薩名下的漢譯作品有以下二十四種：《大智度論》一百卷，後秦鳩摩羅什譯；《十住毘婆沙論》十七卷，後秦鳩摩羅什譯；《中論》（龍樹菩薩造偈，青目釋）四卷，後秦鳩摩羅什譯；《十二門論》一卷，後秦鳩摩羅什譯；《百字論》一卷，後魏菩提流支譯；《壹輸盧迦論》一卷，後魏瞿曇般若留支譯；《大乘破有論》一卷，宋施護譯；《六十頌如理論》一卷，宋施護譯；《大乘二十頌論》一卷，宋施護譯；《十八空論》一卷，陳眞諦譯；《迴諍論》一卷，後魏毘目智仙共瞿曇流支譯；《方便心論》一卷，後魏吉迦夜譯；《大乘寶要義論》十卷，宋法護及惟淨等譯；《因緣心論頌因緣心論釋》一卷，失譯；《寶行王正論》一卷，陳眞諦譯；《菩提資糧論》六卷（龍樹本，自在釋），隋達摩笈多譯；《菩提心離相論》一卷，宋施護譯；《菩提行經》四卷，宋天息災譯；《釋摩訶衍論》十卷，姚秦筏提摩多譯；《福蓋正行所集經》十二卷，宋日稱譯；《龍樹菩薩爲禪陀迦王說法要偈》一卷，宋求那跋摩譯；《勸發諸王要偈》一卷，宋僧伽跋摩譯；《龍樹菩薩勸誡王頌》一卷，唐義淨譯；《讚法界頌》一卷，宋施護譯；《廣大發願頌》一卷，宋施護譯；《龍樹五明論》二卷，失譯。

在西藏《大藏經》所傳，收錄掛名爲龍樹菩薩的作品有一百二十五部。《中觀論頌》、《七十空性論》、《六十頌如理論》、《根本般若》、《迴諍論》、《廣破論》、《圓滿施設論》、《經典集要》、《夢如意寶珠譚》、《菩提海會》、《坦特羅集要》、《菩提心釋》、《經集》、《曼陀羅儀軌》、《五次第》、《治療法一百》、《養護臣民點滴》、《百智慧論》、《寶行王正論》、《緣起輪論》、《金瑜伽寶鬘》、《祕密集坦特羅細疏》、《稻竿頌》、《學集》、《四印契決定》、《菩提過患懺悔註》、《百字論》……是比較著名的著作。

這些著作雖然有些被證明或懷疑不是龍樹菩薩本人的作品，但是依然可看出龍樹菩薩驚人的創作力與豐富的思想內涵。由於他所造的論述，數量之眾世所罕見，而且影響力深遠，所以有「千部論主」的美稱。

龍樹菩薩的主要思想

中觀學

龍樹菩薩是中觀學的創始人。中觀原本有中間、中指的意思，但是龍樹菩薩所說的「中」有超越的意義，進一步來說，就是由相對性的見解、相對性的層面超拔出來，超越相對性，達致絕對的境界。《中論》即是這方面的代表作品。

空、假、中三諦頌論

中觀學最主要的概念之一就是：空、假及中。《中論》有一非常重要的三諦句頌：「眾因緣生法，我說即是空；亦爲是假名，亦是中道義。」這句頌語在中觀學上非常重要，它代表了中觀系統思想的方向，也影響了中國佛教的思想。這句頌語指出：世間或現象界的事物，是依因待緣而生的，所以它們是無自性的，也就是空的。然而，空並不等於虛無。由於事物是緣起的，所以不能說它是有自性的。又由於事物是緣起的，有其生起的現象，所以不能說它是一無所有，這就是中道。其主要的目的就是要我人同時捨棄有見及無見，站在超越有無二見的立場來看待一切的事物。

二諦

諦是眞理，二諦就是指兩種眞理。龍樹菩薩的《中論》說：「諸佛依二諦，爲眾生說法。一以世俗諦，二第一義諦。」偈中指出眞理的兩個層面：一是世俗諦，世俗諦是指一般世間的眞理，如自然科學、醫學、數學等。二是勝義諦，勝義有殊勝超越的意思，是指宗教及哲學的眞理，牽涉到絕對的問題，不像世俗的眞理都是有相對性的。至於爲什麼要把眞理一分爲二？對於這點，龍樹菩薩說：「若不依俗諦，不得第一義；不得第一義，則不得涅槃。」從實踐的角度來說，要體證眞理，首先要從世間現象界的事物方面做起，然後才能眞正體證勝義的絕對眞理，並且把兩重眞理結合在一起。這是肯定世間、關切世間、不捨離世間的態度，強調的是慈悲與利益他人，從實踐爲基礎的修行。

解脫

解脫是佛教的理想，主要的目的在教人從生死苦惱的世界中解脫出來。至於透過什麼方式，是不是要「捨離」，還是接受並「超越」它，在當時是頗有

龍樹菩薩

爭議的。龍樹菩薩的《中論》說：「不離於生死，而別有涅槃。」也就是說：涅槃只有在這現實世界中，才可以體證出來，遠離現實世界想去另外找尋是逃避的行爲，而逃避並不是辦法。他說：「業煩惱滅故，名之爲解脫。」業煩惱就是在我們生命裡的染污、煩惱與惡業。要證得涅槃，達到解脫的目的，就要將世間的煩惱業或行爲滅除。也就是說，他認爲掃除個人的貪、瞋、癡等的煩惱，才是達到解脫的必要條件。

四門入實相

龍樹菩薩提出四門入實相，以解釋如何去體會眞理。這四門是：「一切實非實，亦實亦非實，非實非非實，是名諸佛法。」上面所說的諸佛法是指眞理；實是指實在性，或指眞理是眞實的，而非虛妄的。龍樹菩薩將眞理分爲：1.一切是實；2.一切不是實；3.一切是實亦不是實；4.一切不是實，也不是不實。

這四個歷程告訴我們：1.一切是有，有實在性的。從常識的層面來說，就我們智慧增長的情形來看，在最初時，的確很容易肯定我們當前所面對的一切事物；2.第二階段是當我人從表面的層次再提昇並深入諸法時，會漸漸認識到一切東西是沒有自性的，是不實在的；3.經過上面兩個階段後，有人會以自己所體會到的爲最高的眞理，容易有所偏。龍樹菩薩提出：只要有所執著，都不能算是見到眞理的全面；4.只有當我人體會到：一切是有也是空，沒有偏見地照見眞理的兩面時，才是走在眞理的最後途徑上。

龍樹菩薩的影響與貢獻

由於龍樹菩薩對空義有獨到的見解，被許許多多的學者所崇仰，而他所宣揚的學說更成爲大乘佛教的主要流派，所以大乘的學者都公認並尊稱他爲大乘的鼻祖。

在印度，龍樹菩薩是中觀學派的創立者；在中國，他被推尊爲大乘八宗的共祖。也就是說，中國佛教所開展出來的三論、唯識、天台、華嚴、禪、淨、

密、律等八個大乘宗派，都共尊龍樹菩薩爲第一代祖師。而龍樹菩薩的《中論》、《十二門論》及《大智度論》，也普遍受到各宗歷代祖師的重視與推崇，成爲這些宗派的思想泉源。在佛教史上，龍樹菩薩可以說是釋迦牟尼佛以來最有影響力的人。

龍樹的弟子除了國王、改信佛教的婆羅門外，還有當代、後代的學者及附近無法估算的國家和老百姓。在《龍樹菩薩傳》中說：「南天竺諸國爲其立廟，敬奉如佛。」這表示他被當成佛菩薩來膜拜，可見他的感化能力。

在中國還有所謂「龍樹宗」，這是特指三論宗。因爲三論宗特別把龍樹菩薩的《中論》、《十二門論》及其弟子提婆的《百論》等三部論典，當作直接研究的對象。

龍樹菩薩是印度佛教第一位大力倡導「諸法皆空」的大乘論師，而他所揭示的「中觀」思想，在我國主要是由三論宗加以闡揚，三論宗在中國也曾經揚名一時。從鳩摩羅什、僧肇，經過高麗朗、止觀僧詮、興皇法朗，一直到嘉祥吉藏，稱爲「古三論宗」。入唐以後，隸屬於華嚴宗的賢首法藏，也從華嚴宗的立場，註釋了中觀學派的某些作品，因而開創了「新三論宗」。

龍樹菩薩的弟子中，最出名的是迦那提婆（獨眼提婆）。據說他曾經透過南天竺王的關係，「三月度百餘萬人」。迦那提婆也是二十品《百論》、《中觀四百論》、《智慧要集》、《破邪成正理因論》及《中觀掌中論》的作者。另外，傳說中還有羅睺羅跋陀羅、龍智等。

《阿含經》

佛陀時代，佛弟子及信徒們，往往將所聽聞的教導，用詩或散文的形式，以口耳相傳的方式流傳下來。佛陀入滅以後的第一個夏天，五百羅漢聚集於王舍城外的七葉巖，舉行第一次結集，由大迦葉尊者主持，阿難誦出經，優婆離誦出律，這就是著名的「五百結集」，也是《阿含經》的淵源。

佛入滅後一百多年，教團分裂爲上座部與大眾部，各向東南與西北方向發展。南方上座部所保留的經典有五部，稱爲「南傳五阿含」；而北傳方面，則匯集所流傳經典，爲《長阿含經》、《中阿含經》、《增壹阿含經》、《雜阿

含經》等，稱爲「北傳四阿含」。

●《長阿含經》：是纂輯阿含經典中，篇幅較長之經而成，故名爲「長」。亦有一說長指久遠之事、歷劫不絕，破諸外道。經中收錄有關佛陀的事蹟及本始、佛說法的概要及各種法門的修習，另外亦包括對外道、異學的論難，以及世界的起源與相狀。

●《中阿含經》：是佛陀爲利根眾生說的諸種深義。本經以敍述佛及諸弟子所說的教義爲主，也包括佛陀對弟子、異學、王者種種的教誡。

●《雜阿含經》：此經是佛陀爲比丘、比丘尼、優婆塞、優婆夷、天子、天女等，講說四聖諦、八聖道、十二因緣之教說，稱爲雜阿含，也闡明各種禪定，是坐禪人所必須學習的法門。

●《增壹阿含經》：這部經是佛陀爲諸天、世人的說法總集而成，具濃厚的大乘思想色彩。

國家圖書館出版品預行編目資料

大乘傳法人：龍樹菩薩 / 徐潔著；劉建志繪.
-- 二版. --臺北市：法鼓文化, 2010.06
面； 公分

ISBN 978-957-598-522-6（平裝）

224.515 99007792

大乘傳法人——龍樹菩薩

高僧小說系列精選 15

著者／徐潔
繪者／劉建志
出版／法鼓文化
總監／釋果賢
總編輯／陳重光
編輯／李金瑛、李書儀
佛學視窗／朱秀容
封面設計／兩隻老虎廣告設計有限公司
內頁美編／連紫吟、曹任華
地址／臺北市北投區公館路186號5樓
電話／(02)2893-4646 傳真／(02)2896-0731
網址／http://www.ddc.com.tw
E-mail／market@ddc.com.tw
讀者服務專線／(02)2896-1600
初版一刷／1999年6月
二版三刷／2021年1月
建議售價／新臺幣180元
郵撥帳號／50013371
戶名／財團法人法鼓山文教基金會—法鼓文化
北美經銷處／紐約東初禪寺
Chan Meditation Center (New York, USA)
Tel／(718)592-6593 Fax／(718)592-0717

法鼓文化